Cuando fui Masón en Puerto Rico

Las memorias que me llevaron a dejar la
institución que algún día admiré
(2005 – 2013)

Alejandro Ortiz

Originalmente Publicado 21 de diciembre de 2018

ISBN-13: 978-1-7337323-0-7 (Cuando Fui Masón en Puerto Rico)

Cuarto Volumen de la Serie Vox Exigua

DEDICATORIA

A los únicos masones que conocí en Puerto Rico:
Adrián Flores, Carlos González Degró, Miguel Caraballo, Carlos Cruz… a
la mayoría de los hermanos de las logias Montes de Sión, Luz de la
Montaña y Faro de la Montaña…

y

Pedro Nicot Santana y Noel Pacheco Fraticelli… las únicas personas con
sentido común en el alto liderato de la masonería puertorriqueña.

Introducción

Fui iniciado, adelantado y exaltado en una de las más antiguas logias masónicas de Puerto Rico. Con una rica historia masónica. Un lugar lleno de leyendas… que se nutre de las glorias del pasado. Me tomó años descubrir lo que verdaderamente sucedía a "puertas cerradas". El experimentar lo que es la verdadera masonería en Puerto Rico.

Esto no fue un proceso rápido. Fue lento, paulatino. Donde se iban levantando poco a poco nuevos niveles de mezquindad, de intolerancia, y sobre todo, de hipocresía.

Mientras el proceso de descubrimiento transcurría, fui un buen masón. Fui obediente y diligente. Me instruí en la filosofía masónica, al punto de poder ofrecer conferencias. Escribí para los masones… me convertí en un experto en los rituales y costumbres. Era de los pocos masones puertorriqueños que verdaderamente leía los pocos libros y revistas que se publicaban en la jurisdicción puertorriqueña. Complementando mi instrucción masónica con los trabajos "clásicos" de la mal llamada "masonería universal" y los "trabajos" que se desarrollaban en otras jurisdicciones masónicas.

Tuve una carrera masónica distinguida.

Pertenecí a varios grupos paramasónicos… fui un Noble de la Antigua Orden Árabe de los Nobles del Relicario Místico (Shriners), fui un Maestro del Secreto Real (Grado 32) del Rito Escocés Antiguo y Aceptado (Altos Cuerpo Masónicos)… también fui un Mason del Arco Real. Además, pertenecí a 2 logias de investigación y a una sociedad internacional de investigación masónica. Tuve el honor del ser el conferenciante inaugurar de una academia de estudios masónicos de habla hispana.

Eventualmente me convertí en oficial de logia. Es cuando fui oficial de logia que me enfrenté a lo que era la masonería puertorriqueña. Vi lo que estaba detrás del velo.

Lo que destruyó mi visión de lo que era la masonería en Puerto Rico no fue tanto la corrupción e intolerancia que en ella encontré. Ni siquiera la expectativa, entre los masones de Puerto Rico, de encubrimiento de los actos impropios. Fue el silencio cómplice y cobarde de los masones puertorriqueños, ante las acciones corruptas de un grupúsculo de masones, lo que destruyo mi "fe en los ideales de la masonería" puertorriqueña.

Este tomo es un compendio de los escritos que realicé cuando fui masón en Puerto Rico. En ellos podrán percibir la evolución de mis criterios sobre la masonería puertorriqueña… y aunque no esté muy claro mis razones por mi eventual ruptura con los masones de Puerto Rico, para el lector astuto, las razones serán más que evidentes.

Alejandro Ortiz, *Ct.*
Doctor en Filosofía
21 de diciembre 2017
Washington, DC

Caveat

La idea de la masonería en sí misma es una noble. Una organización fraternal donde hombres se reúnen en igualdad en pos de un ideal de unidad. Donde se debe creer en un Ser Supremo, obedecer las leyes de la sociedad y ser un ejemplo de virtud, moral y ética. Además, de ofrecer un espacio seguro para discutir ideas y visiones de un mejor mundo.

Ese es el ideal. La realidad es otra...

Siendo justos, en mis viajes por EE.UU. y Latinoamérica encontré a individuos que se esforzaban por hacer ese ideal masónico una realidad. Esos son muy pocos... personas excepcionales que honran la idea de la masonería con su presencia. Sin embargo, las instituciones que se crean alrededor del ideal masónico rápidamente se degeneran en algo diferente.

Esto es más que patente en Puerto Rico... la masonería puertorriqueña que experimenté (2005-2013) se aleja mucho de lo que es el ideal.

El Mito de la Masonería Universal

Uno de los grandes mitos de la masonería puertorriqueña es el concepto de la "masonería universal". Se les dice a los miembros de las logias que sólo existe una masonería. Que es lo mismo no importa en que cual país se esté. Lo cual tiene un factor de realidad y uno de fantasía.

La realidad que experimenté al visitar logias masónicas fuera de Puerto Rico es que una vez has pasado el "retejo" se te trata como un hermano... la fantasía es que la masonería es universal. Hay muchas masonerías. Las masonerías son distintas en ritos, ceremonias, leyes y regulaciones. Cada país es una jurisdicción masónica, donde se reconoce a una máxima autoridad masónica. En el caso de Puerto Rico, la Gran Logia Soberana de Libres y Aceptados Masones.

Si a esas muchas masonerías añadimos las logias "espurrias" se aumenta la multiplicidad de masonerías. Las logias espurrias son grandes logias/orientes o logias que no han sido reconocidas por otras grandes logias/orientes. En el caso de Puerto Rico se puede señalar como masonería puertorriqueña espurria al Gran Oriente Nacional y la Gran Logia Mixta. Además de existir una logia femenina que trabaja bajo la "Bóveda Celeste" (es decir independiente de alguna gran logia u oriente masónico). En Puerto Rico, un masón de una jurisdicción "regular" se le está prohibido mantener relaciones masónicas con un masón espurrio.

Dentro de lo que es la deficiente educación masónica en Puerto Rico, no se les dice a los hermanos, que al igual como en el país donde una logia se establece (Levantan Columnas) tiene sus idiosincrasias culturales, esa logia tendrá las suyas. Con el tiempo estas se convierten en los Usos y Costumbres característicos de esa jurisdicción. Los cuales no necesariamente son los mismos que en otras jurisdicciones.

En mi caso, no se me preparó para visitar logias. Cuando pisé por primera vez una logia en otra jurisdicción, me retejaron y pidieron mis papeles de viaje. El retejo que aprendí por mi cuenta (nadie me instruyó) de la masonería en Puerto Rico me fue inservible. Y no tenía los papeles de viaje. Más aun cuando los solicité a mi logia nunca me los dieron... nunca sabré si fue por malicia o incompetencia. La realidad es que el insularismo puertorriqueño (y la creencia de ser lo más importante) también está presentes en la masonería.

Inclusive en Puerto Rico no se reconoce los "usos y costumbres" extranjeros... fui testigo como un masón con las credenciales correctas (las reconocí por mi experiencia) no se le permitió participar de la masonería puertorriqueña porque este no tenía los documentos en el formato puertorriqueño.

Lo que nunca se me explicó es que los "retejos" (un examen práctico y teórico donde se ponen a prueba las formas de reconocerse como masón), el "orden y los signos", la marcha, batería, hasta los rituales, son diferentes en cada país. Tal vez podríamos decir que comparten un mismo DNA. Un cierto vinculo "histórico" de provenir de un mismo lugar. Pero al final distinta. Más que hermanas, las jurisdicciones masónicas son primas.

En mis viajes por EE.UU. tuve la gracia de poder contactar a masones hispanos quienes me presentaron en las diferentes logias y me enseñaron de sus "usos y costumbres". Luego me ocupé de aprender lo que otras jurisdicciones me tenían que enseñar y que en Puerto Rico no me podían enseñar. Por más que se reclame ser masón, las diferencias culturales y lingüísticas son una barrera.

En mis viajes por Latinoamérica la experiencia fue diferente. Ser hispano parlante, y conocer los "usos y costumbres" me abrió muchas puertas. La barrera del lenguaje ya no era un obstáculo. No importaba donde fuera siempre fui bienvenido.... Y experimente una masonería diferente a la de Puerto Rico y EE.UU. Sin embargo, cuando visité Brasil no tuve acceso a las logias masónicas, porque nunca nos pudimos comunicar en un idioma común.

Ama a tus enemigos porque ellos te dicen tus faltas.
Benjamín Franklin

Alejandro Ortiz

Cuando fui Masón en Puerto Rico

Alejandro Ortiz

La Fraternidad en un Mundo Globalizado

Los efectos de la hermandad de la Fraternidad Masónica es una que arropa el mundo entero. Esto se puede experimentar cuando hermanos masones vistan jurisdicciones donde hay Grandes Logias que se reconocen mutuamente. Este hecho de mutuo reconocimiento puede cambiar la manera en la cual los hermanos de la *Obediencia* viajan cuando estos visitar estas jurisdicciones.

Es menester recordar que existe una expectativa que los *Hermanos de la Obediencia* han de visitar logias siempre que sea posible, siendo en sí mismo una experiencia memorable el visitar logias. Es en la visita de logias extranjeras donde se puede experimentar plenamente lo que es la hermandad masónica. En los momentos cuando un hermano extraño con una *Palabra* y un *Toque* (y si fue responsable una *Plancha de Aplomo*) toca a las puertas de una logia que los límites de la hermandad son puestos a prueba. Pero, antes de poder experimental esto es necesaria la libertad de viajar.

En la actualidad, en la mayoría de los países del *mundo civilizado*, salvo por regulaciones para el control de la migración, existe la libertad de viajar libremente. Esto no fue siempre de esta manera. Ya sea por voluntad propia (hay personas que no desean viajar), realidad económica (el costo de viajar no está al alcance de todos), limites tecnológicos (los medios para el transporte no están disponibles) o legalidades (leyes locales limitan o impiden el viaje) no siempre sea disfrutado de la libertad de viaje.

Vivimos en una sociedad que se basa en la pertenencia. En estos momentos la pertenecía de propiedades o información es el orden del día. Sin embargo, en épocas pasadas, los extremos a los cuales se pueden llevar este sentido de pertenencia se desbordan en la esclavitud de otros seres humanos o en la mezquina apropiación de las tierras. Estas dos actitudes son unas que limitan la libertad del ser humano. *Ergo*, la libertad de viajar es una que también se limita ya sea por la limitación a la persona en si a por la limitación de paso por una propiedad.

Nuestra civilización se fundamenta en el principio de la esclavitud o el servicio por jornal. Si se estudia la historia cuidadosamente podemos ver todo un patrón donde la libertad de un grupo de personas está condicionada a que otro grupo no la tenga. Sin esclavos que hicieran el trabajo físico no hubieran existido las *grandes civilizaciones*. ¿Quién hubiera construido las pirámides en Guiza; quién hubiera alimentado a Aristóteles para que filosofara; o, quién hubiera construido el imperio Romano?

Nuestra cultura actual es la heredera de lo que fue el imperio romano. No se debe olvidar que Roma se edificó en las espaldas de los esclavos de las naciones conquistadas y la mano de obra barata de los ciudadanos menos afortunados del imperio. Inclusive esposas e hijas eran la propiedad del patriarca, hasta que estas últimas se volvían la posesión de su esposo.

Este patrón se repite en lo que fue la edad media europea. Donde el señor feudal era dueño de todo lo que estaba en sus tierras, eso incluía a las personas que en ella habitaban. De esta manera las personas eran parte de la tierra y no podían moverse a otros lugares sin el permiso del señor feudal. Es en este contexto que ser un *hombre libre* es importante. No de manera *especulativa* sino de una manera *operativa*.

Se nos ha informado en nuestras logias que para ser un masón hay que ser un *hombre libre*. Se nos ha enseñado que esto se refiere a que durante la edad medio el masón operativo tenía a libertad de moverse de ciudad en ciudad. Además, para este poder ejercer su oficio en la nueva localidad tenía que tener un toque y una palabra. Lo cual establecería su pertenecía a la fraternidad, determinaría cuál sería su nivel de destreza y su paga. Su condición de masón le daba la libertad a la persona de viajar.

La libertad de viaje es sólo parte de la ecuación necesaria para experimental lo que es la hermandad masónica. El amor fraternal es una de las cláusulas que se encuentran en los Antiguos Limites [Para una discusión de lo que son los Antiguos Limites refiérase a: Los Antiguos Limites de la Masonería por VH Víctor A. Cabello Reyes en Acacia (Abril-Junio 2007), p. 4-7]. En su adopción de los Antiguos Limites la Gran Logia Soberana de Libres y Aceptados Masones de Puerto Rico dice: Los masones… se dan el tratamiento de hermanos y como tales deben amarse, protegerse… [Leyes Generales de la Gran Logia Soberana de Libres y Aceptados Masones de Puerto Rico, Artículo 1, XVII. Decimocuarta Edición (1985)]. Esto establece como imperativo lo que debe ser la manera de tratar a esas personas que son hermanos masones, independientemente del nivel de familiaridad que se tenga con esa persona.

Esto surge del reconocimiento de cada masón como hermano y viviendo en estrecha comunión [Crespo-Cordero, L.F. (1992). Guía para la Instrucción Masónica: Una obra de consultas para la instrucción masónica en el grado de aprendiz, p. 1]. Proponiendo una expectativa casi universal de ayudar a los hermanos que toquen a los portales de la logia. Así el amor fraternal es puesto en acción y no sólo en teoría [The Worshipful Masters Special Help: A monitor for the Master of the Lodge. Third Ed. (1872), p. 13].

Para el 1598 (más de 100 años antes de la fundación de la primera Gran Logia) en los Estatutos de Schaw, se les comandaba a los masones a ser leales y caritativos los unos con los otros [Lomas, R (2006). The Secrets of Freemasonry: Revealing the suppressed tradition, p. 80]. Donde se espera que cada masón respete a sus hermanos [The Worshipful Masters Special Help: A monitor for the Master of the Lodge. Third Ed. (1872)]. Es importante destacar que entre los postulados de la masonería universal se encuentra el amor fraternal:

Al ejercer el amor fraternal, se nos enseña a considerar a toda la raza humana como una familia -el exaltado, el común, el rico, el pobre- la cual, al ser creada por un Padre Todo Poderoso, y que habita un mismo planeta, esta supuesta de ayudarse, alimentarse y protegerse mutuamente. Bajo este principio, la Masonería une a todos los hombres de cada país, secta u opinión, y consolida una verdadera amistad entre aquellos que de otra manera se mantendrían en una perpetua distancia [Freemason's Practical Monitor (1877), p. 26].

Este deber hacia el amor fraternal, que se le es enseñado al profano cuando es iniciado en la masonería, solo se ha de acrecentar al este adentrarse en la fraternidad masónica. No se espera que el amor fraternal disminuya en lo más mínimo al pasar el tiempo. Al contrario, mientras más hermanos se conozcan y más crezca la fraternidad mayor ha de ser el amor fraternal. Ya no se puede pensar de uno mismo como un mero individuo, sino como una parte dentro de un todo más grande [Roberts, A.E. (1974). The Craft and its Symbols: Opening the door to masonic symbolism, p. 42].

Los resultados del amor fraternal hacia los hermanos es uno que se experimenta no importa el país al cual se visite o del que se provenga [Traveling Brother goes to London by William Barrell. The Free State Freemason, Summer Issue July 2008. Grand Lodge of Maryland]. En un mundo globalizado que cada día se hace más pequeño, las posibilidades de encontrar hermanos de, y encontrarse en, jurisdicciones hermanadas se hace cada vez más real. La masonería no es un fenómeno local o limitado a las circunstancias geografías. Más aun, cuando una comunidad *virtual* se ha establecido como una paralela a una comunidad *tradicional*. La cual permite establecer y mantener contacto con hermanos que en otro momento se *mantendrían en una perpetua distancia*.

A manera de conclusión, no debemos olvidar que cuando viajamos a otras jurisdicciones somos embajadores de nuestras Logias y de nuestra Gran Logia, también somos representantes un pueblo, una cultura y un país. Así que debemos dejar la mejor impresión posible en los lugares que visitamos (incluyendo los virtuales). Por otro lado, tenemos que tenderle los brazos de amor fraternal a esos hermanos que viajan por nuestros valles para que cuando ellos regresen a los suyos tengan la mejor impresión posible de lo que es la Masonería Puertorriqueña.

Orígenes del Mandato al Amor Fraternal

El amor fraternal es un principio básico de la institución [masónica], y como principio, inmutable, válido para siempre en todo lugar y en todo tiempo.

Eugenio Illidge, *Ideales Masónicos*

Los requisitos medulares de la institución masónica incluyen ser un hombre libre y de buenas costumbres, además de profesar la creencia en un Ser Supremo. Clarificando de este último punto que no se espera del candidato a masón que profese una creencia en un dios de alguna revelada religión en particular, sino en una entidad todo poderosa a la cual nos referimos como el Gran Arquitecto del Universo (Letter to a Layman). Una vez un candidato se convierte en Hermano Aprendiz Masón se le informa a qué través de su constate trabajo y diligente estudio recibirá más luz en la masonería. Mediante la cual podrá entender que es la masonería y cuál ha de ser su mandato como masón con respecto al amor fraternal.

La segunda pregunta que se le debe hacer al recién iniciado como Aprendiz Masón en la jurisdicción de Puerto Rico es, ¿Qué es una logia? Para el profano, e inclusive para el recién iniciado Hermano Aprendiz, la respuesta es tan simple como "el lugar donde se reúnen los masones". Pero la contestación a esta pregunta va más allá de la localización física de un edificio. Al nuevo hermano recibir más luz en la masonería aprenderá que la logia es una reunión de masones, propiamente consagrada y provista del Libro de la Ley

9

Sagrada, escuadra y compas (Liturgia de Grado de Aprendiz) siendo esta propiamente retejada (Antiguo Lindero XI). Crespo (1992) ha dicho que el Libro de la Ley Sagrada es la primera luz de la masonería sin el cual ninguna logia puede ser abierta propiamente. Más aun, Macoy (2000) señala que sin el Libro Sagrado de la Ley ninguna logia es perfecta.

Esta tradición de tener un libro sagrado como un elemento *sine quan non* de una logia se ha convertido en una ley rectora en la masonería. Como cualquier tradición no existe evidencia concluyente, más allá de una duda razonable, de donde esta se origina. Las tradiciones orales y leyendas de la masonería apuntan hacia la construcción del templo de Salomón o a las escuelas de misterios en Egipto de la antigüedad. Estas especulaciones no añaden de manera significativa a nuestro crecimiento masónico y sólo sirven para alimentar fantasías populistas. Un sendero más pragmático debe ser seguido para descubrir cuáles son los orígenes de nuestras tradiciones. Un estudio académico de los documentos históricos de la masonería a los cuales tenemos acceso y han sido identificados por historiadores profesionales como tal, nos pueden ayudar a identificar estos orígenes.

El Manuscrito de Halliwell ha sido aceptado como uno de los documentos más antiguo que se conoce de la masonería (Halliwell MS). Se estima que la redacción de este manuscrito es cerca de los 1390, sin embargo, se cree que el contenido de este se basa en escritos anteriores al mismo (Halliwell MS). Según Nandon (2005) este manuscrito es un verdadero tratado de lo que es la civilidad...

estipulando que cada individuo tiene que encargarse de su propia educación y la de su familia para lograr la cortesía, modales que le distingan, buena moral y maestría del ser. La narrativa de este manuscrito dicta cuales son las exceptivas de los masones, prescribiendo una vida honesta y moral con justicia y consideración a otros masones, llena de oración y adoración.

Del texto del Manuscrito de Halliwell podemos comenzar a construir lo que eventualmente será nuestro actual mandato hacia el Libro de la Ley Sagrada. Ya que los masones tienen que vivir correctamente bajo la ley de Dios (Halliwell MS Línea 516) en oración, como el libro nos dice (Halliwell MS Línea 590). Añadiendo que la adoración y la oración tienen que ser con las palabras justas, que Dios le ha dado, por su gloria en lo alto, con dulces palabras que nutren su amor (Halliwell MS Líneas 404-406). Esto puede ser comprendido que nuestras acciones deben ser dirigidas por la ley divina así transmitidas en los distintos libros sagrados.

Al tiempo continuar su curso y otros documentos reforzar la necesidad de Libros de la Ley Sagrada como un instrumento indispensable para trabajar en logia, la tradición se convierte una ley en la masonería. El mandato se oficializa luego de la reorganización de la orden masónica en 1717. Después de esta fecha las tradiciones se institucionalizan en leyes escritas. Cargos fueron codificados y linderos firmemente establecidos y compartidos con toda la masonería para ser utilizados oficialmente.

Las Constituciones de James Anderson escritas en 1723 (y reescritas en 1738) incluyen los Antiguos Cargos. Estos cargos se han convertido en la luz que guía a los masones regulares a través del mundo. Todos los masones tienen que obedecer la ley moral… están obligados a seguir la religión en la cual todos los [seres humanos] concuerden (Código de la Gran Logia, 2008: Leyes Generales, 1985). Estas leyes morales y las religiones universales se codifican en los diferentes libros de las leyes sagradas.

El Lindero XXI describe que es el Libro de la Ley Sagrada. Este es el volumen por el cual la religión de un país cree que la voluntad del Gran Arquitecto del Universo ha revelado su voluntad (Código de la Gran Logia, 2008). Sobre los orígenes de los Antiguos Linderos, Mackey ha comentado que estos fueron establecidos en un periodo tan remoto que ningún registro histórico de sus orígenes han sido encontrado (Código de la Gran Logia, 2008). Sin embargo, la directiva explicita del uso del Libro de la Ley Sagrada se ha establecido como parte indispensable de la logia y tiene que ser obedecido por los masones.

Para la mayoría del mundo masónico regular, la preparación del templo de la logia sigue un patrón parecido. Oficiales atienden el altar al abrir el Libro de la Ley Sagrada y colocando la escuadra y el compás en él. Como ejemplos podemos resaltar que en el ritual de emulación de la Gran Logia Soberana de Puerto Rico y en de la Gran Logia de Argentina el Maestro de Ceremonias está a cargo del altar, el preparará las grandes luces y leerá del Libro de la Ley Sagrado. En el ritual de la Logia Azul peruana, Distrito de Columbia y Virginia son el Maestro de Ceremonias, Primer y Segundo Diacono y el Capellán quienes atienden y preparan el altar.

Según Powell (1981) lo que estos oficiales están haciendo tiene un doble significado. Por un lado, mediante sus acciones, están trayendo al campo de la acción su experiencia y conocimiento. Por otro, están depositando en la logia la sabiduría acumulada de los tiempos que han sido consignados en los libros de la ley sagrada.

También, cuando un masón ve los movimientos de estos oficiales con relación al ara sagrada, no está tan sólo observando a personas deambulando en una logia. El Monitor de Washington (1931) nos enseña que el movimiento circulando un objeto es una costumbre que puede ser encontrada en muchas ceremonias de la antigüedad. Lo que los hermanos en las gradas están observando es la circunvalación del ara sagrada, una representación del movimiento de los cuerpos celestiales. Completando esta acción los oficiales abren y cierran los trabajos de la logia mediante una pequeña ceremonia, la recitación de una oración.

En palabras simples, las oraciones hechas a viva voz son la producción de un sonido. Según Encausse (1988) el sonido producido en la forma de palabra logra tres cosas: el sonido pone una acción en manifiesto; fuerza vital es inyectada en el sonido de la palabra; y, una idea es liberada. Siguiendo esta idea la Ayuda Especial al Venerable Maestro (1872) recomienda la lectura del Libro de la Ley Sagrada y oración ya que esto ayuda a establecer el ambiente apropiado para el desarrollo de las enseñanzas masónicas. No ha de sorprender que Pike en *Moral y Dogma* describe la oración como una fuerza fuerte y sublime.

Los masones oran… le enseñamos que cada ser humano debe invocar las bendiciones de la deidad para toda faena encomendable (Fuller, 2007). Pero, ¿Qué son las oraciones? El lenguaje profano nos dice que las oraciones son una súplica, deprecación, ruego que se hace a Dios o a los santos y/o una elevación de la mente a Dios para alabarlo o pedirle mercedes (Real Academia Española). La fe católica nos enseña que las oraciones son en efecto la elevación del corazón y la mente a Dios (Wynne, 1911). Elaborando sobre lo que es la oración la Enciclopedia Católica plantea que,

> Esta expresión no tiene la intención de instruir o dirigir a Dios sobre lo que tiene que hacer, sino para apelar a su gracia para los asuntos que necesitamos; esta apelación es necesaria no porque Dios sea ignorante de nuestras necesidades o sentimientos, sino que, para darle forma definitiva a nuestros deseos, para concentrar toda nuestra atención en lo que le hemos de recomendar a Dios, para ayudarnos a apreciar nuestra relación personal con Dios.
> Wynne, 1911

Dentro del concepto de oración en el islam resaltan lo que es el salah y el dhirk. El salah es el acto de adoración… o para pedir guía en circunstancias particulares (Glasse, 1989). Mientras que el dhirk es un concepto de la oración más complejo, se puede resaltar que es la invocación del Nombre de la Divinidad (Glasse, 1989). Por su parte el Corán estipula al musulmán a mantenerse firme en la oración…

inclinando su cabeza con aquellos que inclinan las suyas en adoración (Corán 2:110). Mientras que en el Nuevo Testamento en Mateo 7:7-11, impulsa el hábito de la oración al inculcar en los seguidores del cristianismo a pedir y se le dará; a buscar y encontrará; a tocar y la puerta se le abrirá. Ya que, el que pide recibe, el que busca encuentra, y para aquel que toca la puerta se le abrirá.

Pike nos ha dado razones masónicas por las cuales hemos de seguir los libros de la ley sagrada de las diferentes religiones,

Las leyes de Dios no son obligatorias en nosotros por ser una imposición de Su poder, o una expresión de Su voluntad; sino que estas expresan Su infinita sabiduría. Estas no son correctas porque son Sus leyes, son Sus leyes porque estas son las correctas. Del equilibrio de la sabiduría infinita y fuerza infinita, resulta la perfecta armonía, en el mundo físico y en el universo moral.

Albert Pike, *Moral y Dogma*

Por su parte, el Salmo 133 ha prescrito el amor fraternal a todos los miembros de la masonería y a la humanidad. Como el Manuscrito de Halliwell le dispone en su línea 253 a los masones, el Maestro es un amigo. Reconociendo la igualdad de los masones ante el Gran Arquitecto del Universo al comandar que los masones a no llamarse, en los confines de la masonería, ni vasallo o sirviente... aunque no fuera tan perfecto como otro, cada uno se llamará compañero por amistad (Halliwell MS Líneas 49-53).

Este mensaje de amistad y amor fraternal puede ser encontrado en las diferentes religiones del mundo. El Corán prescribe... Aferraos al pacto de Alá, todos juntos, sin dividiros; y recuerden con gratitud las gracias de Alá para ti; porque fueron enemigos y Él unió sus corazones en amor; así que por su gracia ustedes se convirtieron en hermanos (3:103).

El mandato de amor fraternal continúa en los más recientes Libros de la Ley Sagrada. Que no se olvide que en algún momento libros sagrados como el Corán, Mahabharata y la Biblia fueron nuevos a la humanidad. El Libro de Mormón, publicado originalmente en 1830, prescribe que se le enseñe a caminar los senderos de la verdad y sobriedad; se le enseñe a amarse los unos a los otros, y a servirse los unos a los otros (Mosiah 4:15). Este libro sagrado va más allá al decirle a la humanidad a entrelazar sus corazones en unidad y amor hacia los unos con los otros (Mosiah 18:21). Así estableciendo la expectativa de que cada ser humano debe amar a su vecino como así mismo, y que no debe haber conflictos entre ellos (Mosiah 23:15).

Más cerca a los tiempos actuales, en 1904 otro libro sagrado fue transmitido a la humanidad. Liber al vel Legis continua el trabajo de sus predecesores al comandar a amarse los unos a los otros con ardientes corazones (2:24). Cualificando al poder del amor fraternal al declarar que no hay fuerza que pueda unir a lo dividido que no sea el amor (1:41), haciendo eco de la sabiduría del Dhammapada donde el odio no cesa por el odio en ningún momento: el odio cesa por el amor.

Así el mandato del Gran Arquitecto del Universo de amarse fraternalmente los unos a otros nunca han dejado de ser transmitido a cada miembro de la raza humana. Tomando diferentes formas, en distintos lugares, en diferentes tiempos y así continúa al presente y continuará en el futuro. Independientemente del nombre del Libro de la Ley Sagrada, donde quiera que uno sea abierto habrá paz, justicia, caridad y la identificación con ser divino (Nazario, 1973).

En el contexto masónico el Salmo 133, y sus equivalentes en otros textos sagrados, es el mandato que cada masón debe aplicar en sus logias. El abrir el Libro de la Ley Sagrada se hace para establecer el ambiente necesario para la coexistencia masónica de los hermanos. La sublime estipulación de lo que es esperado de cada masón. Roberts (1974) ha reconocido que el Salmo 133 representa la unidad y el amor fraternal, estos dos siendo elementos necesarios para la harmonía que debe reinar en cada logia masónica. Ese así que tradición y ley se convierten en la mezcla que nos mantiene justos en nuestra fraternidad.

Referencias

Cabello-Reyes, V.A. *El Templo y el Altar*. Acacia, Órgano Oficial de la Gran Logia Soberana de Libres y Aceptados Masones de Puerto Rico, Julio-Diciembre 2007.

Crespo, L.F. (1992). *Guía para la instrucción masónica*. Talleres Gráficos Merino, Arecibo, PR.

Encausse, G. (1988). Tratado Elemental de Magia Practica. Editorial Kier, Buenos Aires.

Glasse, C. (1989). *The concise encyclopedia of Islam*. Harper & Row, Publishers Inc., San Francisco.

Illidge, E. (1995). Ideales Masónicos. Imprenta Universidad Interamericana, San German.

Masonic Code of the District of Columbia. *Grand Lodge Code*, rev. Recuperado en 25 de octubre de 2009 de www.dcgrandlosge.org

The Dhammapada. Translated from the Pâli by F. Max Müller. The Sutta-Nipâta Translated from the Pâli by V. Fausböll Oxford, the Clarendon Press (1881). Vol. X of The Sacred Books of the East. Recuperado en 25 de octubre de 2009 de www.sacred-texts.com.

The Halliwell Manuscript. Recuperado en 25 de octubre de 2009 de http://freemasonry.bcy.ca/texts/regius.html.

The Holy Qur'an, English text by A. Yusuf Ali. Recuperado en 25 de octubre de 2009 de www.sacred-texts.com.

Letter #1: *Letter to a Layman*. Masonic Education, Grand Lodge of the District of Columbia. Recuperado en 25 de octubre de 2009 de www.dcgrandlodge.org

Leyes Generales de la Gran Logia Soberana de Libres y Aceptados Masones de Puerto Rico. Decimocuarta Edición, 1985.

Liturgia del Grado de Aprendiz. Aprobado por la Gran Logia Soberana de Libres y Aceptados Masones de Puerto Rico. Edición, 1993.

Macoy, R. (2000). *A dictionary of freemasonry*. Random House, NY.

Matthew 7:7-11 (New International Version). Recuperado en 25 de octubre de 2009 de http://www.biblegateway.com

Morals and Dogma of the Ancient and Accepted Scottish Rite of Freemasonry by Albert Pike. Recuperado en 25 de octubre de 2009 de http://www.gutenberg.org/etext/19447

Nandon, P. (2005). *The Secret History of Freemasonry: Its origins and connection to the Knights Templars.* Inner Traditions, Rochester, VE.

Nazario, L.A. *La Biblia en el Altar de la Logia.* Acacia Año XLVII, Núm. 2 (Abril-Junio 1973).

On Our Knees: Thoughts on Masonic Prayer by Kenneth Fuller. Voice of Freemasonry, Volume 24, Number 2, 2007.

Powell, A.E. (1981). *La Magia de la francmasonería.* Editorial Orion, MX.

Oración en Real Academia Española. Recuperado en 25 de octubre de 2009 de http://www.rae.es

Reed, T.M. (1931). *Washington Monitor and Freemason's guide to the symbolic degrees.* Edith Edition.

Roberts, A.E. (1974). *The Craft and its symbols: Opening the door to Masonic symbolism.* Macoy Publishing and Masonic Supply Company, Inc. Richmond.

Waite, A.E. (1996). *New encyclopedia of Freemasonry (Ars magna latomorum) and of cognate instituted mysteries: their rites, literature and history.* Random House, NY.

The worshipful master's special help; A monitor for the master of the lodge. Third edition, Chicago, Il. (1872).

Wynne, J. (1911). *Prayer in the Catholic Encyclopedia.* New York. Robert Appleton Company. Recuperado en 25 de octubre de 2009 de http://www.newadvent.org

Logia Universal

El sábado 12 de junio de 2010 tuve la oportunidad de experimentar un evento muy singular. Cuyos ingredientes sólo se pueden encontrar en muy pocas jurisdicciones del mundo. Bajo los auspicios de la Gran Logia de Libres, Aceptados y Antiguos Masones del Distrito de Columbia la Logia Universal efectuó su tenida anual.

La GLDC tiene la peculiaridad de ser una jurisdicción en la cual convergen y conviven en amor fraternal una plétora de etnias, culturas y religiones. No sólo convergen, sino, que de una manera activa se busca la inclusión de la diversidad cultural en la vida masónica. Además de la promoción del respeto y la tolerancia por las diferentes creencias religiosas que se puede encontrar en las logias.

En un esfuerzo por reconocer la diversidad religiosas libros sagrados de diferentes creencias religiosas son incluidas en los templos masónicos. Para fomentar una hermandad universal y reconocer que la masonería está más allá del idioma sea ha permitido que logias trabajen en un idioma diferente al inglés. De ahí que en la GLDC podamos encontrar logias que trabajan en alemán, armenio, español, francés, italiano y turco.

Lo cual da paso a la peculiaridad de las tenidas de la Logia Universal. Sin tener una sección de práctica los 7 oficiales principales de la logia trabajan en los 7 idiomas representados en la GLDC. Por un lado, esto es un testimonio de la importancia de un ritual estandarizado. Pero por otro es prueba de la universalidad de la masonería que trasciende las barreras de idioma.

Para hacer el programa más interesante. Dos logias tuvieron su Ceremonia de Hermanación. Las logias que se hermanan lo que hacen es declarar y establecer simbólicamente un vínculo fraternal más estrecho que el normalmente compartido por las logias de diferentes jurisdicciones. Para esto el Gran Maestro de Turquía tomó el mallete de la logia y presidió sobre la ceremonia donde los Grandes Maestro del DC y de la Republica de Colombia firmaron los documentos.

Igualmente, impresionante fue la lista de invitados. La cual incluía Grandes Maestros de Rusia, Francia, Turquía e Israel. Además de representantes de otras Grandes Logias…

Este es el segundo año que participo de esta actividad, y lo extraordinario que es la masonería universal no deja de asombrarme… por ahora sólo queda esperar al próximo año para ver que nuevas maravillas la masonería universal me puede enseñar…

El Masón Tiene que Ayudar

En Día Nacional de Servicio en los EE.UU. se efectúa durante el natalicio de Martin Luther King. Muy especial en ese día debemos servir a nuestras comunidades, pueblos, ciudades y nación. Esta es la fecha en la cual nos debemos sentir compelidos a trabajar por mejorar nuestras comunidades y ayudar a nuestros vecinos.

Se espera de nosotros los masones una activa participación en actividades filantrópicas y caritativas. El masón que no crea, y trabaje por esto, no es un masón completo. Ya que ser masón en la logia va de la mano del trabajo comunitario y vise versa. Estos dos conceptos no se pueden separar. Sin embargo, muchas veces fallamos, por falta de convicción o pereza y por triste que parezca hasta por la mala fe del que no le importa el prójimo.

Caridad es mucho más que sacar un par de monedas una vez a la semana por la presión social. La caridad es el trabajo constante del masón, es angular en la labor de devastar la piedra bruta. Es deber que el masón se inmersa en los proyectos que le permita contribuir de manera significativa con aquellos que merecen la ayuda.

Con este fin muchas de nuestras logias han participado de manera activa en las filantropías de nuestra masonería. Otras aún no se han integrado en la labor del masón. Todavía quedan muchos masones que ven la masonería como un club social, como un anexo de una religión o una escuela místico-esotérica. En su visión la masonería es un grupo elite separado de las comunidades, donde ser masón es ser superior a la comunidad.

Hoy es el día especial en que tenemos que preguntarles a esos masones que ven la masonería como un club social, un anexo a una iglesia o los que se pasan en las masturbaciones de una masonería místico-esotérica... ¿Qué has hecho por ayudar al prójimo? ¿Cómo has contribuido al mejoramiento de tu comunidad?

De que me vale saber los 32 caminos del Árbol de la Vida o las 7 razas y 7 sub-razas o entrar a diario a la sanctum celestial... o el predicar los dogmas de una religión en una logia... o tener una barra llena de fino whiskey... Todo esto es inconsecuente, y dirigido al auto engaño, si no se ha sido capaz de aliviar el dolor de las personas que están a su alrededor. Si no he contribuido de una manera significativa a mejorar la comunidad en la que la logia está enclavada.

Tenemos que llevar al campo de la acción nuestros buenos pensamientos e intenciones. El quedarse en 'desear lo mejor' se degenera en tan sólo una excusa psicológica. El pensar que meditando en el bienestar de la sociedad y no salir a esa sociedad lo único que refleja es una disonancia entre la retórica y la acción.

Orar por una persona que está atrapado en un edificio en llamas es importante. Pero igual de importante ir a buscar los medios para rescatar a esa persona de las llamas.

Así que a laborar. Donemos sangre, visitemos los enfermos y a aquellos que no tienen a quien le visten. Limpiemos las calles y parques de nuestras comunidades. El trabajo honra, el trabajo es dignidad, más cuando lo hacemos con la intención de ayudar... y como masones el honor y la dignidad nos deben sobrar...

Ética Masónica: Los aplomadores y su trabajo profano

Un asunto que nos atañe constantemente como organización es el proceso de investigación de las personas que se acercan en busca de membresía. La aplomación es un filtro importante para asegurarnos que sólo el mejor elemento del banco de recursos disponible sea aceptado en nuestra organización. Si esta no es hecha de manera adecuada, con la rigurosidad que se merece, podríamos terminar con elementos indeseables que traen descredito a nuestra organización.

Al efectuar una aplomación nuestro celo por la institución tiene que ser atemperado por el sentido común. Ya que debemos evitar que durante nuestras aplomaciones no incurramos en acciones catalogables como poco éticas o ilegales. Por un lado, tenemos que recordar las limitaciones a una investigación por un ciudadano privado a otro ciudadano privado. Por otro tenemos que evitar utilizar los recursos del trabajo profano para la investigación de un candidato.

Lo cual obliga a la pregunta, ¿Es permisible que un masón utilice los recursos de su trabajo profano en proceso de aplomación?

Cuando hablamos de recursos nos referimos desde materiales físico (e.i. papel, lápiz, fax, internet, etc.) hasta el tiempo durante horas de trabajo. Desde un sentido estricto de la ética laborar esto constituirá un robo/hurto. Ya que una persona que recibe remuneración por realizar un trabajo y se le dan recursos físicos para que realice dicha tarea, está realizando una tarea a la cual no ha sido asignado u autorizado.

Así, a manera de ejemplo, un policía (fiscal, auditor, personal de recursos humanos, etc.) que es masón y utiliza el tiempo de su trabajo, con el equipo de su trabajo para hacer una aplomación es un mal masón. A pesar de que está obrando con la mejor intención y teniendo en mente el beneficio de nuestra organización, en efecto estaría incurriendo en un acto poco ético e ilegal.

Este hermano estaría utilizando los recursos del gobierno de persiguiendo un fin no gubernamental. Lo cual tiene el efecto de contribuir a la corrupción gubernamental. Todo acto de corrupción, por pequeño que sea, tiene que ser evitado. Y cuando ocurran tiene que ser perseguido y castigado con todo el peso de la ley.

Tenemos que recordar que en el campo de la ética un acto negativo jamás discurre en un fin positivo. Como masones nuestros estándares éticos tienen que ser los más altos posibles. Un hermano que de manera poco ética o ilegal utilice los recursos del gobierno o de la empresa privada para un fin tan noble como efectuar una aplomación de excelencia, le hace un mal servicio a la fraternidad.

Más aun, es un pésimo masón ya que su comportamiento lo lleva a quebrantar leyes y reglamentos. Lo cual pone en duda, además de integridad como empleado, su calidad como masón. Creando duda sobre su carácter, ya que si este no puede seguir las leyes y reglamentos de su vida profana, como podemos esperar que siga los elevados estándares de nuestra fraternidad.

Del Mandil Masónico

Las modas en los vestuarios son pasajeras. Estas responden a los caprichos de unos pocos, en general de un 'diseñador' de modas engreído que cree que sus gustos y opiniones tienen que ser compartidos por todos. Por eso en raras ocasiones estas se convierten en normas establecidas de la vestimenta.

En el engreimiento de unos pocos, que se creen iluminados, he presenciado una nueva moda en lo que respecta al mandil del Maestro Masón puertorriqueño. Es la de Maestros Masones usar un mandil blanco o de adornar el mandil con elementos que no son los propios de mandil de maestro masón puertorriqueño.

Los que impulsan la idea de que el Maestro Masón tiene que utilizar un mandil blanco lo que están haciendo es citar selectivamente de los rituales. Sacan de contexto lo escrito en los rituales para poder dar validez a lo que ellos quieren imponer. Ya que si ellos hicieran una lectura seria y responsable del ritual masónico puertorriqueño y los reglamentos correspondientes, no desobedecerían lo que son los mandatos de una Gran Logia.

Esa tontería de poner una J y B y la una fecha en el mandil del Maestro Mason puertorriqueño es una idiotez. De unas personas que se creen diseñadores de modas, y que intentan imponer esa moda en los demás. Ofreciendo un producto que no es el que se debe utilizar, por lo cual a su clientela se le puede llamar a la atención y pedir que procuren adquirir el mandil de regulación (que muy convenientemente ellos le podrán vender).

Debo conceder que el mandil de piel blanca de cordero es la insignia de un masón. Los que hemos tenidos el privilegio de viajar a otras jurisdicciones (en especial las EE.UU.) sabemos que los mandiles necesarios para poder participar de una tenida de maestro masón son los de piel blanca de cordero. Sin embargo, en Puerto Rico ha quedado establecido cual ha de ser el mandil del maestro masón puertorriqueño.

En el "Libro Negro de la Masonería", es decir la Constitución, Estatus y Reglamentos que gobiernan al masón puertorriqueño se establece cuáles son los estándares del mandil del Maestro Masón en Puerto Rico. En los Reglamentos, Capítulo VIII Articulo 63 Sección 8 (p. 52, versión 1985) se estatuye para las logias subordinadas los mandiles para el Rito Escoses y el Rito de York. Más aun, en la Liturgia del Maestro Mason (Rito Escoses pp. 11 y 42, versión 2001) se vuelve a establecer claramente cuáles son los estándares del mandil del Maestro Masón puertorriqueño.

Pero claro, esos que se creen unos iluminados que quieren imponer su opinión sobre otros. Por otro lado, mercaderes quieren obtener ganancias de la masonería y presentan vistosos mandiles para poder vender sus productos. Sin respetar lo que es ser un masón puertorriqueño, las logias y la Gran Logia que dirigen los mismo.

Ninguno de los dos debe ser validado o auspiciado, hasta que rectifiquen su error.

Apaguen sus Teléfonos... o por lo menos póngalos a vibrar

En una iglesia vi un letrero interesante. Este decía: Para hablar con Dios no se necesita un teléfono. Seguido de alguna instrucción para que los apaguen durante el servicio. También he escuchado en las clases, conferencias, logias, cines, reuniones, etc. que 'apaguen los celulares' o por lo menos que los pongan en vibración o modo de silencio.

Lo cual se hace para no molestar a las otras personas que están allí. Ya sea por el sonido de los timbres o por las conversaciones que a nadie le interesan. Lo cual es algo razonable. No hay razón por la cual tenga que escuchar una conversación en la clase o conferencia que estoy escuchando o tenga que soportar la interrupción de un timbrazo durante la misa o clase de meditación.

Por otro lado, se me dijo recientemente que apague el móvil/celular, porque enviar mensajes de texto o jugar durante la reunión es una falta de respeto y se ve mal. Esto me hace reflexionar sobre qué es lo que está sucediendo, que las personas prefieren estar enviando mensajes de texto o jugando en sus teléfonos (o cualquier otro aparato electrónico) que prestar atención a lo que está sucediendo en ese momento.

El monje budista Kadam Morten Clause, ha señalado que ya es casi una patología el que las personas verifiquen sus teléfonos cada 5 segundos. Lo cual él explica 'porque estamos en un constate estado de inquietes'. Donde no tenemos la paz necesaria para poder estar quietos y tranquilos por más de 5 segundos. Esto lo expresamos en la actualidad con la 'manía' de estar pegamos a nuestros aparatitos electrónico-portables.

Pero la explicación es más simple… hay algo que es más interesante, que lo que está sucediendo en ese lugar; o lo que está sucediendo en ese lugar no es interesante.

La realidad es que existe una perniciosa mediocridad en las aulas y salas de conferencias. En los templos e iglesias, falta pertinencia y un nexo con la realidad social que se vive. Lo peor es la simpleza de los 'programas' que nos presentan en las diferentes organizaciones. Simplemente, no son interesantes.

El decir que apaguen los móviles/celulares y que no enviemos mensajes de texto no resuelve la situación de los pobres, aburridos e insípidos 'programas'. Esta insistencia de tantos flancos en la desconexión de las personas con sus aparatos electrónicos no está atendiendo el problema. Seamos francos, ¿A cuántos nos interesa escuchar a personas hablar de planes futuros, repetidas glorias del pasado o cantinfladas para hacer creer que son importantes o eruditos?

El prohibir la conducta logra nada. Ya que prohibir una conducta lo único que logra es hacerla más interesante. Y da más placer cuando es ejecutada.

Lo que se tiene que hacer es mejorar el 'programa' de lo que se está ofreciendo en el lugar. Pero eso es lo difícil… es más fácil utilizar la fuerza… la violencia de la autoridad para intentar corregir los convenientemente definidos defectos. En vez de presentar un 'programa' interesante, de calidad que capture y retenga la atención de los participantes.

Por mi parte… mientras los "programas" no mejoren, mientras oradores sigan vanagloriándose, y hablando por la masturbación que es escucharse a sí mismos, seguiré jugando en mi IPod o testeando en mi teléfono… No es una falta de respeto al que no me considera lo suficiente como para esforzarse y presentar un 'programa' de calidad…

Ética Masónica: Los límites de la ayuda a un "hermano" (1ra Parte)

Hay que merecer la ayuda.

Como masones hemos tomado un juramento en el cual hemos de ayudar a un hermano que esté en necesidad. Es la naturaleza de nuestra institución ayudar a los hermanos que nos la pidan. Y aunque no la pidan, si sabemos que están en necesidad, los tenemos que ayudar. Inclusive es nuestra responsabilidad velar por el bienestar de la viuda y de los hijos de un hermano que haya partido al Oriente Eterno.

Sin embargo, tenemos que reconocer los límites de la ayuda que está disponible. Es ilógico prestar ayuda en detrimento de nuestra salud fiscal y la protección y bienestar de nuestras familias. La ayuda que se brinda es en la medida de la realidad fiscal en la que vivimos. "Within the length of our cabletow" (una traducción seria: dentro de los límites de mis posibilidades). Dar más allá de lo que se tiene es contra producente. Es "desvestir un santo para vestir a otro".

También se tiene que evaluar otros aspectos que inciden en la decisión de ayudar a un hermano. ¿Cuál es la naturaleza de esa necesidad? ¿El hermano, cayó en necesidad sin culpa o fue un pródigo y despilfarro sus recursos? ¿Quiénes se han afectado por sus acciones? Estos son algunos de las cuestiones que tienen que ser evaluados (de caso a caso) para medir cual ha de ser la ayuda que se ha de dar.

Inclusive se tiene que evaluar a quien ha de darse la ayuda. Si la familia de un hermano que es un prodigo está sufriendo por sus acciones, la ayuda que se le brinda no debe ser dirigida a él, sino a su familia.

Aunque sea antipático se tiene que evaluar si el hermano ha cumplido con sus responsabilidades masónicas. ¿Ha asistido a las tenidas mientras pudo? ¿Se mantuvo aplomo en sus cuotas mientras podía? ¿Contribuyó al Saco de Beneficencia dentro de los límites razonables de su realidad?

Un hermano que haya contribuido en estos renglones es un hermano que cumplió con sus deberes masónicos y debe ser ayudado.

Aquellos que, por mezquindad, no fueron a la logia, ni pagaron sus cuotas o asistieron a los necesitados de manera voluntaria han fallado en sus deberes masónicos. Por lo cual no son buenos masones y las ayudas que se le brinden no deben ser tan generosas como a los que sí han laborado por ser buenos masones.

De otra forma, lo que estamos haciendo es premiar la irresponsabilidad y penalizar a los responsables. Inclusive imponer en los hermanos responsables una carga mayor. Porque son los hermanos responsables los que han de responder por el hermano en necesidad.

Las caridades tienen que ser hechas de forma inteligente, o son un desperdicio de los recursos disponibles.

Ética Masónica: Los límites de la ayuda a un "hermano" (2da Parte)

Hay que recalcar que existen unos límites a la ayuda que se le puede dar a un hermano masón. Uno de estos límites se refiere a cuando la petición de ayuda es una que quebranta algún estándar moral, reglamento ético o ley civil. No es la acción de un hombre libre y de buenas costumbres pedirle a alguno de sus hermanos masones el que quebrante algún estándar a favor de él, algún familiar o conocido. Esta es una práctica que va en contra de los altos estándares éticos y morales establecidos por la masonería.

Generalmente estas peticiones impropias se pueden catalogar en tres grandes reglones. Peticiones que involucran algún tipo de ilegalidad, la otorgación de algún beneficio para el cual no se cualifica o invocar el favoritismo por ser masón. Estos tres reglones se entremezclas y se complementan entre sí.

A manera de ejemplos:

Las Ilegalidades

En ningún lugar de las leyes, reglamentos, juramentos, etc. de la masonería se establece que la categoría de masón pone al ciudadano por encima de la ley de un país o estado. Esto implica que un masón que este en áreas de la administración de las leyes, justicia criminal, auditorias, procesos administrados, etc., no debe ayudar a otro hermano de manera alguna a evitar los procesos criminales, civiles o administrativos relacionados a la imputación y adjudicación de conducta impropia.

Esto no quiere decir que se pierda la presunción de inocencia. Sino que se tiene que velar la pureza del proceso para que no quede duda de que la determinación sea la correcta. Un hermano puede ayudar a otro en la orientación de los procesos. Pero no debe caer en la trampa de adulterar el proceso para favorecer a su hermano.

Si un hermano es culpable a alguna acción impropia este tiene que pagar por sus acciones y no debe utilizar la masonería como escudo. Si un masón quebranto la ley, por su honor de masón tiene que enfrentar los efectos de sus acciones. El que se intente evitar el castigo por una acción impropia o ilegal es algo que lo invalida para ser masón. Y como tal ningún hermano tiene que sentirse obligado a ayudarlo cuando es claro que el mismo ha quebrantado la ley y desea librarse de su justo castigo.

Los Beneficios Inmerecidos

La otorgación de beneficios y subsidios gubernamentales y privados por regla general están regulados. Se ha establecido estándares para determinar quién es elegible y quién no. Esto da un control para que los recursos sean distribuidos de la mejor manera a los que lo necesitan o lo merecen.

Por otro lado, en especial en el área de las aseguradoras, un ajustador o agente de seguro no debe modificar su criterio porque la persona que haga la reclamación sea un masón.

Recalcando, la condición de masón no es una que sea un factor en la otorgación de ayudas, subsidios, becas, ajustes, etc. Ningún masón que este en la posición de la otorgación de ayudas debe utilizar la masonería como elemento determínate en la concesión de estas.

Favoritismos

Los favoritismos están muy ligados a la otorgación de beneficios. La diferencia estriba en que de manera clara se le quita 'algo' a 'alguien' para dárselo a un masón.

El ejemplo más claro es el director de recursos humanos que le da una un empleo a un hermano masón simplemente porque es masón. Mas cuando haya candidatos que cumplan o excedan con los requisitos para la posición. El "principio al mérito" es uno que debe regir cuando la posición de empleo esté disponible. La realidad es que ser un masón no faculta necesariamente a una persona para realizar las tareas de una posición laboral.

Más aun, darle una posición de empleo a una persona simplemente porque es masón es en efecto robarle la oportunidad a una persona con mejor preparación y le priva a la organización en la que se desempeña del mejor candidato, con la mejor serie de habilidades para la posición

Estos son algunos ejemplos de situaciones en las que una petición ayuda tiene que ser rechazada de plano. No importa que sea masón, su tiempo o posición en la masonería. Cuando un hermano masón pide ayuda en hacer algo ilegal o para obtener algún beneficio para el cual no tiene derecho, esta petición no es la de un buen masón. No refleja los ideales de la masonería y ningún masón tiene que sentirse compelido a prestar ayuda.

Recordemos que estamos obligados a ayudar a un hermano en sus faenas que sean dignas y honorables, a ayudar a sus viudas y a sus huérfanos… no a contribuir a la desmantelación de la moral y la ética de nuestra sociedad. Cada vez que utilizamos la masonería para obtener beneficios a los que no tenemos derecho, lo que estamos haciendo es traerle deshonra a la misma.

Esta deshonra se debe a que simplemente, en vez de ser modelo de hombres rectos y obedientes de la ley, estamos dando el ejemplo de ser una clica de oportunista que busca algún beneficio personal. Por lo cual un masón está bajo la obligación de ser un hombre libre y de buenas costumbres y no acceder a peticiones de este tipo.

Del Óbolo y el Dinero

Uno de los deberes que tiene el masón es contribuir con las caridades y filantropías de su logia, Gran Logia y las organizaciones afiliadas. Por lo general esto se traduce en dos tipos de contribuciones:

1. Trabajo voluntario
2. Dinero

Ya es una costumbre conceptualizar la primera como la más noble. Donde la persona se lanza en cuerpo y alma a la caridad o filantropía. Un "verdadero sacrificio personal". La segunda tiene el estigma de ser utilizada por los desinteresados, por los que no quieren estar cerca de los necesitados. De aquellos hermanos que no quieren ensuciarse y trabajar por su logia o la orden.

La realidad es que a diferentes niveles ambas son igualmente importantes.

El dinero es el elemento de moralidad más importante en los hombres civilizados que han decidido vivir en sociedad. Este es el símbolo de un acuerdo entre los hombres de no tomar lo que es de otros; de que se ha de intercambiar bienes y/o servicios por un precio mutuamente acordado. Donde se tiene la opción de no entrar en acuerdos que no sean mutuamente beneficiosos o no se necesite y/o desee algún bien y/o servicio.

El dinero que un hermano haya acumulado legalmente es el fruto del esfuerzo de su trabajo. Esta es la paga que ha aceptado por el conocimiento, experiencia y habilidades que posee y contribuye en la producción de algún bien y/o servicio.

El tiempo que se invierte en la adquisición del dinero es uno que no se invierte en ocio o entretenimiento, o con familiares o amigos; es el tiempo de laboriosidad profana.

Ese producto (el dinero) es un bien privativo de la persona. El dinero es parte de la persona. Sin la persona el mismo no podría producir para adquirir el dinero. Por esto nadie tiene el derecho de arrebatárselo o establecer algún reclamo sobre el dinero de otra persona. Quien haga esto es un esclavista o un ladrón.

En el contexto de la masonería, el hermano que contribuye su dinero lo que está haciendo es compartiendo su persona. Esta compartiendo con su logia y sus caridades o filantropías, los frutos de su tiempo, sus habilidades y conocimientos. Contribución que debe ser reconocido como tal y no estigmatizada.

Al final tan importante es quien limpia la logia, como el que da su dinero para pagar las utilidades y la renta…

Óbolo Obligatorio: ¿Qué la mano izquierda no sepa lo que hace la derecha?

o es ¿Qué la mano derecha no sepa lo que hace la izquierda?

El Dr. Gregorio Montero, Presidente el Centro Latinoamericano para la Administración del Desarrollo y Ministro de Administración Pública de la República Dominica, nos dijo que estamos en una época de escasez de recursos, donde estamos gestionando crisis.

Es una muy noble visión masónica el dar anónima y desinteresadamente. Donde se hace 'lo que se tiene que hacer' más allá de loas y gratificación. Pero esta es una forma poco efectiva de operar una organización benéfica o sin fines de lucro. Existe una realidad práctica, vivimos en sociedades con recursos limitados. Los cuales deben ser administrados y distribuidos de manera efectiva y equitativa.

Sin embargo, los apologistas del anonimato al donar y la ciega repartición de recursos están en desacuerdo en esta forma 'materialista' de administrar recursos. Estos argumentan que:

1. Lo que se da, se debe hacer desde el anonimato y la humildad. Y saber cuánto se dio, a quien se dio y quien lo dio, derrota el altruismo de la acción.

2. Se debe evitar, aunque sea la percepción de, humillación al que no puede dar grandes cantidades de recursos o al que recibe la ayuda.

El gran problema es que estas razones se fundamentan en excusas psicológicas y supuestos de falsa modestia. Los cuales impactan de manera negativa la administración de recursos. La mano derecha tiene que saber lo que hace la izquierda para:

1. Evitar la duplicación de servicios a un mismo fin.
2. Asignación adecuada y medida de recursos a algún proyecto.
3. Evitar el desperdicio de recursos en acciones contraproducentes.

Igualmente, de importante es la sana administración y rendición de cuentas de quien administra los recursos. La transparencia en los procesos es una que ayuda a evitar los actos de corrupción que tanto plagan a las instituciones benéficas y sin fines de lucro. Si la mano derecha no sabe lo que hace la izquierda, entonces, ¿Cómo podrá verla los recursos destinados a los que más lo necesitan?

Pero hay una realidad de la perversidad de la psicología humana. Si una persona contribuye de manera activa a una causa, aquellos que no contribuyen se sentirán ofendidos por el activismo de esa persona.

Los que contribuyen en la justa medida de su realidad de recursos no tienen que sentir vergüenza por la cantidad de su contribución. Sólo necesitarían leer a Marcos 12:41-44 y Lucas 21:1-4 para calmar su conciencia. Sin embargo, los que contribuyen menos de los que pueden son los más vocales para que se mantenga en silencio las contribuciones de las personas. Sus voces se acallarían si estuvieran en paz consigo mismo y vieran al interior en vez del exterior.

Por otro lado, hay que darle honor a quien honor merece. No basado en la cantidad, si no en el esfuerzo realizado para adelantar las causas de los más necesitados... de cada uno según sus medios. Y si la mano derecha no sabe qué hace la izquierda como podremos reconocer el merecido esfuerzo de las personas que sacrifican de lo que tienen o aplican sus habilidades para ayudar a otros.

Merecer o Ganar

Toda acción tiene una reacción, todo esfuerzo tiene justa recompensa. Si se hace el bien podremos esperar que se nos pague con un bien. Se hace un mal es de esperar que se reciba un mal. Justicia es darle a cada uno lo que se merezca por sus acciones o falta de estas.

Cada jurisdicción tiene su forma de recompensar a los Venerables Maestros que han servido de manera efectiva en su cargo. La más importante es la de otorgar el título de Ex Venerable Maestro o Pasado Venerable Maestro (cual sea la traducción correcta es otro tema).

En algunas jurisdicciones el título de Pasado Venerable Maestro es otorgado inmediatamente que se asume el Trono de Oriente. En otros no es hasta que se ha servido por un año como Pasado Venerable Maestro Inmediato que se otorga este título. En la Jurisdicción de Puerto Rico el título puede ser otorgado después que se haya desempeñado el puesto de VM. Es entonces que se puede asumir el purpura (clara referencia a un legado del imperio romano asumido por la mayoría de las principales sectas cristianas).

Estamos a un punto donde la rendición de cuentas es un aspecto importante de la evaluación del desempeño. Ya no es suficiente invocar a la tradición o la violencia de la autoridad… somos una sociedad lo suficientemente madura como para pedir cuentas a nuestros líderes.

Es obvio que quienes se aferran a un pasado anacrónico no les gusta esta nueva mentalidad. En la cual las acciones de los líderes tienen consecuencias y no se puede cobardemente escudar detrás de un título prestado. Lo cual nos lleva a que antes de otorgar ese honroso título de Pasado Venerable Maestro debemos pedir cuentas por el desempeño.

Así que un VM tiene que contestar por lo menos a estas preguntas antes de considerarse la otorgación del título de Pasado Venerable Maestro:

1. Mencionar de manera clara cuales han sido sus logros durante su 'Veneratura'.
2. Cuáles fueron las metas que se cumplieron de su plan de trabajo.
3. De qué manera ha contribuido al crecimiento del taller.
4. Que lo hace merecedor de ser un Pasado Venerable Maestro.
5. De qué manera ser Pasado Venerable Maestro ayuda al taller.

Las contestaciones a estas preguntas nos darán una idea de cuan merecedor *se es* o *no se es* del título de Pasado Venerable Maestro. Leer una Circular Semanal o asignar quien ha de pagar las cuentas no es suficiente para ser un Pasado Venerable Maestro (aunque en algunos casos eso sería un gran VM). Es mejor que el VM no haga nada si lo que ha de hacer es daño.

El cuestionar y evaluar el desempeño de nuestros líderes no es un privilegio, es una responsabilidad. El evaluar con cuidado a quien se le otorgará títulos (y los privilegios que estos acarrean) no es un privilegio, es una responsabilidad.

Por lo cual se tiene que tomar con seriedad a quien se le otorgan y no tener miedo de negarlos a quien no lo merece...

Venerable Maestro: El uso de un titulo

En la jurisdicción de Puerto Rico las elecciones para los puestos de la logia se realizan, salvo en algunos casos, en diciembre (Estatutos Art. 98). Ya es costumbre que después de las elecciones la mayoría de las logias 'se van de vacaciones'. Regresando en enero para las instalaciones de los nuevos oficiales y dignatarios de sus logias (Estatutos Art. 110).

Hay hermanos tan deseosos del título de Venerable Maestro que se le olvida que en esta jurisdicción no existe un interregnum. El Venerable Maestro de una logia continúa siendo VM del taller hasta el día en que el VM electo es juramentado y toma posesión del Trono en Oriente (Estatutos Art. 113). Por lo cual la persona que haya sido elegida para ser VM de su taller no debe utilizar el título de VM hasta que haya sido instalado en esa posición.

El libro de Ceremoniales Masónicos nos ilustra cuando es el momento en que un hermano se convierte en el VM de su logia. El hermano electo a la posición de VM sólo se convierte en el VM de su logia cuando ha oído sus obligaciones, presta juramento y toma posesión del puesto (pp. 73-74). Más importante es el hecho que este hermano tiene que, ante el Ara Sagrada, aceptar la posición de VM (p. 77). Luego de esto es que será investido como VM de su logia.

Aun así, sólo se le da el control de la logia después que todos los oficiales y dignatarias del taller han sido propiamente juramentados e instalados en sus respectivas posiciones. Más aun, este no dirige propiamente la logia hasta que las exhortaciones de rigor le son leídas por el oficial instalador.

Cuando un hermano utiliza el título de VM antes de tomar posesión de este lo único que está demostrando es su codicia por el mismo. De su necesidad de reconocimiento como una persona de autoridad en el taller. Inclusive en el uso cotidiano del título de VM se puede percibir cual es la actitud del hermano. ¿Cómo se presenta? Dirá soy el,

Hno. Santiago Palmer

Hno. Santiago Palmer, Venerable Maestro

Venerable Maestro Santiago Palmer

El orden en que usa el título refleja la mentalidad de la persona. Es la expresión de su inconsciente sobre su necesidad de poder o de reconocimiento. En casos extremos podemos ver como hasta su propio nombre es eliminado a favor del título cuando se presentan como, Soy el VM de la RL Adelfia #1.

Más allá de los defectos psicológicos que el uso de un título pueda traer a la luz, existe una manera de utilizar el título de VM antes de tomar posesión de este. Como alternativa, un uso que sería aceptable (o alguna variación de este) es:

Hno. Santiago Palmer, VM Electo de la RL Adelfia #1

Hno. Santiago Palmer, 1er Vig. VM Electo de la RL Adelfia #1

Ahora, ¿Cuantos lo utilizaran así? y ¿Cuántos ya se adueñaron del título VM?

El Pasado Venerable Maestro

La institución del Pasado Venerable Maestro (Pasado Maestro o *Past Master*) tiene que ser abolida o por lo menos reformada.

Para ser elegible a Venerable Maestro en Puerto Rico sólo se necesita ser Maestro Masón y miembro del Taller por lo menos 6 meses antes de la elección. Cuáles son los requisitos para ser un Pasado Venerable Maestro... leer la circular semanal durante un año y no pisarle los cayos a los que han de firmar la solicitud de diploma de Pasado Venerable Maestro.

Para establecer una comparación. En la Jurisdicción del Distrito de Columbia para ser un candidato a VM se necesita:

1. Haber sido un Vigilante por un año.
2. Pasar el examen de competencias, el cual es administrado por la GLDC en el ritual (dominar plenamente los rituales de los tres grados).
3. Presentar el examen escrito sobre los estatutos y reglamentos que gobiernan la logia y la GLDC.
4. Participar en el adiestramiento anual de la GLDC sobre liderato.
5. Ostentar el grado de Pasado Maestro del Arco Real.

Además, la GLDC ha publicado *Preparing for the Lodge Leadership*. Un tomo diseñado para aportar los rudimentos mínimos necesarios del liderato para que la persona que dirija una logia sea eficiente en su cargo.

En la jurisdicción del GLDC se garantiza una serie de conocimientos y habilidades básicos de los futuros Pasado Venerable Maestro. Lo cual ayudad a garantizar que los futuros Pasado Venerable Maestro tengan no sólo la autoridad del título, sino que tengan la autoridad del conocimiento. En Puerto Rico esto no ocurre, ya que la forma en que se crean VM no es una que garantice que esta persona está verdaderamente preparada para asumir la posición, tampoco garantiza que tenga los conocimientos que se espera de un Pasado Venerable Maestro.

De ahí que se esté creando un problema al tener una serie de personas con el poder y la autoridad de un título (básicamente removido de la autoridad del taller) sin un verdadero conocimiento o conciencia de lo que se espera sea su posición. El color purpura, le da la autoridad a una persona para levantarse en la logia y decir que las cosas están mal hechas (aunque se hayan hecho bien) y se les tiene que hacer caso y someterse a la obediencia.

En la envidia de pene masónica, emulando a la iglesia católica, el purpura del Pasado Venerable Maestro es el color de los obispos... en la imitación crean a una clase privilegiada sobre la feligresía masónica.

Quién es más Importante

¿Quiénes son las personas más importantes para el
mantenimiento, renovación y perpetuación de las ordenes místico,
esotéricas y fraternales?

Por el condicionamiento social, o adoctrinamiento cuasi-
religioso, la imagen que salta a la mente es la de un líder (o liderato)
de la organización. Se nos ha inculcado que un Gran Maestro o
Imperator o Sumo Sacerdote o como sea el título, es el elemento más
importante. Donde se termina idolatrado, sino a la persona (ese
caudillo libertador y/o redentor), a la posición de liderato de la
organización.

La realidad es que un líder es el elemento menos importante en
toda organización. Ya que en pocas ocasiones es elegido por sus
capacidades o virtudes. Este es elegido porque ha molestado al
número menor de personas. Obteniendo así, en el mejor de los casos
a una persona promedio, o en el peor a un mediocre. En pocas
ocasiones se vota por la excelencia.

Por otro lado, los líderes que son "nombrados' autocráticamente,
se eligen por su lealtad a un dogma, organización y/o personas. Los
nombrados por la cúpula son por su naturaleza susceptibles a ser
marionetas de la cúpula que los puso en el poder.

De igual manera los oficiales y dignatarios de un líder, no son
necesariamente elegidos y/o nombrados por una trayectoria de la
excelencia. Ya que su principal razón para ser elegidos y/o
nombrados es la lealtad personal al líder.

Así que la elección y/o nombramiento de un líder (y su sequito) no garantiza el mantenimiento, renovación y perpetuación de una organización. Por el contrario, puede ser el elemento más peligroso y dañino a la estabilidad de una organización.

El juego esta tildado al fracaso, es muy posible que estos líderes y sus oficiales/dignatarios terminen haciéndole daño a las organizaciones. Porque para ser un líder (u oficial/dignatario) se necesita de una gran madurez emocional y espiritual. Que un proceso de elección o nombramiento no garantiza.

Más importante es que el electo o nombrado necesariamente no tiene el mejor interés de la organización como prioridad. Ya que la función primordial del líder es mantenerse en la posición de poder. Lo cual puede contrastar con los mejores intereses de la organización y los elementos más importantes de esta... sus miembros.

Si fuéramos verdaderamente serios reconoceríamos que los elementos más importantes, ese *sine qua non*, de las organizaciones no son sus líderes. Son los miembros que conforman la matricula, y sus familiares y amigos.

La matrícula es el elemento más importante, porque sin esta la organización no existiría. Ni la necesidad de un liderato... no habría organización. No habría que producir monografías; o hacer de hombres buenos mejores; o pretender que no hay religión más alta que la verdad.

Sin embargo se nos olvida este hecho. Ya sea por la mentalidad del colonizado de Fanón, las estructuras de poder de Foucault o un sistema educativo del oprimido de Freire... Se nos ha hecho creer que la matrícula es lo menos importante. Se nos ha engañado a creer que un Gran Maestro o Imperator o Sumo Sacerdote o como sea el título (y todos los acólitos y alcahuetes que los acompañan) son más importantes que nosotros.

Sobre todo, es que se le olvida a los mismos líderes y a sus oficiales/dignatarios que ellos no son tan relevantes como ellos mismo creen ser.

Porque se les olvida a esos líderes, y a sus alcahuetes, que son los miembros quienes llenan salones, templos, logias, etc. Son las cuotas de membresía y donaciones lo que sostiene a la organización.

También se nos olvida que igual de importante para la organización los son los familiares y amigos de la matrícula. Aunque estos no son parte de la matricula son fundamentales en el ingreso, permanencia o renuncia de los miembros. Estos son quienes le dan el apoyo y/o aprobación a su participación; o le puede reprochar o hacer su vida difícil hasta que renuncie.

El tiempo que ese frater, hermano, etc. pasa en salones, templos, logias, etc. es tiempo que les quita a sus familiares y amigos.

Es por eso que debemos estar agradecidos de esos familiares y amigos que están dispuestos a 'prestarnos' a ese frater, hermano, etc. Tenemos que ser agradecidos a esa familia y amistades que cuidan de nuestros frater, hermanos, etc. cuando no están con nosotros.

Se tiene que cambiar el paradigma. La matrícula tiene que tomar consciencia y retomar su valía. Los líderes y sus acólitos tienen que ser humildes en sus posiciones de poder. Y cuando a estos se les olvide ser humildes y *a quien* están *sirviendo* y *por quien* están en su posición de poder, se le tiene que recordar que se les ha prestado temporeramente y de manera condicional ese poder y autoridad. Lo cual es una dadiva de una matrícula que paga sus cuotas y llenan un salón… y por los familiares y amistades que les permite darles dinero y estar allí…

Responsabilidad Fiscal Masónica

Puerto Rico tiene un problema de corrupción en todas nuestras instituciones... en las iglesias, en las instituciones sin fines de lucro... tenemos una sociedad corrupta... qué nos pasa.
Carlos Díaz Olivo, 4 de octubre de 2011

¿Cuánto es suficiente? Un cheque por $200... otro por $700... una inversión sin autorizar por $300... ¿Cuánto es demasiado?

¿En qué momento se tiene que levantar las banderas rojas cuando se sospecha del uso indebido de los fondos de una logia?

Para un masón... la sospecha que un centavo es utilizado de manera irregular es suficiente para levantar esas banderas rojas. Pedir una investigación o auditoria y adjudicar responsabilidades o simplemente aclarar las situaciones.

Los masones debemos ser el ejemplo ante la sociedad profana. El masón tiene que ser el paragón de la ética y de la moral. Por eso los estándares de fiscalización tienen que ser mayores a los que se aplicarían en las instituciones profanas. No porque la cantidad sea importante o insignificante, grande o pequeña, sino porque es el principio ético y moral de la transparencia; de la confianza que se ha depositado en las personas encargadas del tesoro de una logia.

Nuestros libros tienen que estar abiertos a la fiscalización de los miembros de la institución y nadie puede ser inviolable cuando se sospecha o se ha encontrado irregularidades en los mismos. El utilizar la inviolabilidad como excusa es tan sólo un intento de encubrir hechos. O peor, cuando nada ha ocurrido lanza una sombra sobre la pureza de los procesos y la integridad de la institución.

Ese daño es peor. Porque logra manchar la institución con una merecida desconfianza.

Por otro lado, el considerar que la cantidad no es lo suficientemente grande como para merecer atención, es simplemente ser un cómplice. Un conspirador que únicamente busca encubrir una verdad o una mentira. Donde se permite que las malas costumbres que plagan al Puerto Rico de hoy invadan a la masonería.

Proteger a la institución de la masonería no es ignorar o encubrir, en el mejor de los casos, los errores fiscales o, en el peor de los casos, los actos de corrupción. Proteger la institución es el rectificar los errores que se cometen y aprender de ellos. Mientras que se castigue por las faltas que se hayan cometidos a los culpables. A la vez que se elimine de la institución a las lacras que las hayan perpetrado.

Masonería y Ley

Dedicado a ese Hermano Masón que fue penalizado por haber cumplido con la ley durante una Trimestral

El masón debe ser el ejemplo ante la sociedad de civismo. Este debe conocer, respetar y obedecer las leyes que, en buena fe, se instituyen para hacer posible la convivencia en una sociedad civilizada. Por lo cual: ¿Está el masón eximido de cumplir la ley?

La contestación simple es no. Por el contrario, el masón está sujeto doblemente a estas reglas y normas; y debería ser castigado doblemente cuando voluntariamente las quebranta. Porque no sólo ha rasgado la confianza de la sociedad en donde vive, sino que también a despedazado las expectativas de los hermanos que lo creían un hombre de buenas costumbres.

Únicamente cuando un masón entiende que moralmente no debe obedecer una ley es que éste la podría objetar e incumplir (sin evitar los efectos de dicha acción). Leyes como las que viabilizan el discrimen, el racismo o cualquier otra acción para limitar derechos o menosprecie minorías por meros caprichos deben ser objetadas. Sin embargo, no se debe rehuir de los efectos de su decisión. La desobediencia civil se fundamente en asumir una acción y el castigo detrás de esta para demostrar que la misma es injusta.

El fiel cumplimiento de la ley incluye el reportar los actos ilegales que otros masones podrían incurrir. Hay quien argumente que los masones se deben proteger mutualmente. Por lo cual podrían justificar el encubrimiento de acciones ilegales por otros masones. La realidad es que esta actitud es altamente antimasónica y debe ser deplorada por todo masón.

Tampoco porque una acción ilegal se cometa en un edificio masónico significa que esta acción no deba ser reportada.

Para utilizar un ejemplo: un masón miembro del cuerpo de Bomberos de Puerto Rico se percata que el edifico que aloja a una logia o cuerpo masónico no cumple con los códigos de seguridad requeridos por la ley para operar.

Por un lado, se podría argumentar que este masón y bombero tiene el deber masónico de reportar a la autoridad masónica correspondiente de las fallas que ha identificado y alentar a su remedio. Por otro este bombero y masón tiene la responsabilidad de hacer cumplir la ley que juro hacer aplicar cuando aceptó su posición.

Siendo justos este bombero debería utilizar su experiencia profesional para evitar que se incurra en actos impropios. Evitando que la logia incumpla la ley y ésta tenga que ser justamente sancionada.

Para lo cual hay evaluar si:

1. Se informó a los oficiales de la logia.
2. Si no se remedió, se informó a los oficiales de distrito masónicos.
3. Si no se logró un remedio, se informó a la Gran Logia.

Si la contestación a todas estas preguntas es SI, y no se logró remediar la situación, entonces es el deber de ese bombero reportar a las autoridades pertinentes de la falta de cumplimiento de la ley por parte de esa logia o cuerpo masónico.

Ahora, cuando las vidas y propiedades pueden estar en peligro inminente se tiene que tomar acción de manera más rápida y efectiva.

A manera de ejemplo:

Cuando un salón está lleno de masones a más de la capacidad estipula por ley, ese bombero tiene que actuar de forma inmediata. Informándole a la máxima autoridad masónica presente de la acción impropia que está poniendo en peligro la vida de masones.

Si la autoridad masónica no responde de manera responsable, es el deber de ese bombero reportar dicha acción a las autoridades profanas.

El permitir la sobre capacidad de un salón es muy irresponsables y pone vidas en peligro. Más irresponsable seria condenar al bombero, que en el cumplimiento de su deber profano, ha protegido las vidas y propiedad masónicas. Que los líderes de la masonería no tuvieron el sentido común de proteger, y pusieron en peligro.

En el caso donde se considere que el daño es inminente, se tiene que tomar en cuenta que la totalidad de las circunstancias a la acción. El peligro de grave daño debe ser medido por expertos en el área. Ser masón no cualifica a nadie en diferentes áreas profesionales. Así que si un bombero llamó a sus colegas porque entendía que había un peligro, debe ser otro bombero el que evalúe la circunstancias, y determine y si había o no un peligro inminente que ameritara sus acciones.

Todo masón tiene que estar dispuesto a aplicar las leyes profanas que sean pertinentes. No debe caer en la trampa de creer que por ser masón esta eximido de cumplir con las leyes. De igual manera cualquier masón que sospeche el cometimiento de actos ilegales en una logia tiene que repórtalos. Porque si no estaría cayendo en la trampa de la complicidad por encubrimiento.

Si las autoridades masónicas no escuchan a un masón que está levantando las banderas rojas de un acto impropio, éste tiene la responsabilidad de informarlo a las autoridades profanas correspondientes. Sin temor a represarías o castigos (ya que esto lo único que reflejaría es un entidad corrupta y cómplice de criminales)… ya que lo único que ha hecho es cumplir con su deber ciudadano, que es lo que los hombres de buenas costumbres hacen…

De la Importancia de un Retejo

"Y tú fuiste retejado para ser Maestro Masón" un Maestro Masón buscando excusas para no realizar la examinación necesaria para obtener su Diploma de Maestro Mason, 30 de junio de 2011

Para que un masón pueda avanzar en la masonería este tiene que pasar por una serie de exámenes. Estos están diseñados a examinar su conocimiento y avance en la masonería. Un masón que no haya adquirido un conocimiento mínimo necesario o que pueda demostrar un avance dentro de la masonería no se le debe permitir subir a mayores peldaños dentro de la masonería.

No porque se actúe desde la maldad, sino porque se le hace daño al hermano masón que avanza grados para los cuales no está preparado; y a la institución, porque adelanta a hermanos que no tienen el conocimiento y/o destrezas masónicas necesarias para avanzar.

Un retejo no es sólo un examen del cual se obtiene una nota de pase o no pase. El retejo es también una forma de instrucción en la cual el hermano puede ser instruido si no sabe o ha aprendido mal algún conocimiento masónico. No sólo eso, sino que durante la examinación el hermano está poniendo en práctica lo que podría ser su examen cuando visita otra logia. El proceso de retejo es beneficioso para el hermano y la logia.

Siempre se tiene que perseguir ese ideal de hacer de hombres buenos, mejores. Dejándolos pasar no se logra esto.

La masonería puertorriqueña ha caído en usos y costumbres que destruyen el ideal de excelencia. Donde se permite a hermanos que no tienen, aunque sea las mínimas habilidades y conocimientos masónicos avanzar a grados avanzados. Muchas veces por la falta de instrucción masónica de calidad, otras por la misma dejadez del hermano que no trabaja y estudia para obtener los conocimiento y habilidades masónicas necesarias.

Cuál es el efecto de esta práctica, la de tener masones que no conocen lo que deberían saber de la masonería. Así es que se perpetúa la mediocridad en la masonería.

Los Reglamentos y Estatutos de la masonería son claros. Para poder ascender de grado, se tiene que pasar por un examen. Para poder obtener un diploma de Maestro Masón se tiene que ser retejado en ese grado. No hay forma o manera de simplemente no hacerlo. A menos que se incurra en actos de fraude punibles por la ley masónica.

Sin embargo, los 'usos y costumbres' que se han impuesto coloquialmente tiene el efecto de prohibir hacer el retejo. Que simplemente hacer ese ejercicio es una afrenta. Por lo cual termínanos con Maestros Masones (y hasta Pasado Venerable Maestro) que son demasiando perezosos e ignorantes. Los que terminan siendo lacras. ¿Y qué es lo que estas lacras de la masonería hacen? Condenan y minimizan los esfuerzos de aquellos que creemos en la excelencia en la masonería.

No debemos permitir que la mediocridad sea premiada con un diploma para el cual no tienen derecho.

Cuando un Psicólogo es Masón

Dedicado a ese psicólogo y masón que se prostituyó ante ese Gran
Maestro abocado a la violencia del poder.

Excesos Psicológicos: Conducta Ética

Si Abu Ghraib (y Guantánamo) logró algo fue evidenciar los
excesos a que los profesionales de la salud mental pueden llegar en el
nombre de las estructuras de poder. Más aun, desveló cuales son las
excusas y racionalizaciones más comunes para justificarse y tratar de
explicar su complicidad en las violaciones a la dignidad del ser
humano.

Lo cual no debería sorprender si consideramos los múltiples
eventos en la historia donde los profesionales de la salud mental se
prestaron gustosamente para desmantelar la dignidad del ser humano.

Para evitar estos excesos los talleres profesiones han adoptado
códigos de éticas. Entre los aplicables a los psicólogos en Puerto Rico
se encuentran los de la Asociación Americana de Psicología y la
Asociación de Psicología de Puerto Rico. En algunas ocasiones
gobiernos han regulado la práctica de los profesionales de la
psicología con leyes que intentan incorporar las mejores prácticas y
protecciones de los consumidores de sus servicios. En el caso de
Puerto Rico la Junta Examinadora de Psicólogos ha establecido
cuales son los estándares éticos para la práctica de la profesión.

Por otro lado, existen divisiones en agencias gubernamentales, como SAMHSA, dedicadas a la protección y fortalecimiento de los consumidores de servicio de salud mental. Leyes como ADA e HIPAA (y decisiones como Olmstead) van dirigidas a la igual protección de las leyes de los consumidores de servicios de salud mental. También existen organizaciones como *Mental Health America* y *National Alliance on Mental Illness* que, entre su razón de ser, se encuentra proteger a los consumidores de los excesos de las profesionales de salud mental.

Sin embargo, siempre hay profesionales de la psicología que su empeño de servir a las estructuras de poder violenta los derechos de los seres humanos que deberían servir y proteger.

El Código de Ética de la Junta Examinadora de Psicólogos establece claramente que tiene que existir un consentimiento cabal para entrar en un proceso terapéutico, de evaluación o investigación. Donde este consentimiento tiene que ser uno voluntario y no medie ningún tipo de influencia indebida. Además, se extiende no sólo a un proceso terapéutico (individual, pareja, grupal, etc.), evaluativo o investigativo, también a otros procesos como los psicoeducativos.

Por su parte el Código de Ética de la Asociación de Psicólogos de Puerto Rico establece como principio el Bienestar de la Persona. Donde el procesional de salud mental tiene como guía el mejor interés para el consumidor de sus servicios. Donde se proteja la dignidad, integridad y autodeterminación, además de tomar en cuenta las diferencias individuales en estos procesos. Aquellos profesionales de la psicología que sirven a las estructuras de poder raras veces cumplen con este principio ético.

Más importante, sin un consentimiento al proceso terapéutico y sin un profesional que sirva al bienestar de la persona, no se puede establecer de una manera efectiva una alianza terapéutica. La alianza terapéutica sólo ocurre cuando la persona entra en una relación terapéutica voluntariamente. Salvo en escenarios carcelarios u otras circunstancias especiales (como los expuesto en las secciones 4:11-23 de la Ley 408 del 2000) o cuando se aplica la violencia de la autoridad, es que se intenta obligar a un individuo a entrar en un encuadre terapéutico.

Generalmente, esto vicia el proceso terapéutico, convierte al psicólogo en un opresor y encamina al proceso terapéutico al fracaso.

Como ha dicho la Dra. Ana Pinilla, catedrática asociada de la Pontificia Universidad Católica, "se es psicólogo 24 horas, hay que comportase como tal". El Código de Ética siempre le aplica al psicólogo en todo momento, más cuando se presenta ante un grupo como psicólogo. Por su parte la Dra. Norma Maldonado, Catedrática Asociada de la Pontificia Universidad y ex Presidente de Comité de Ética de la Asociación de Psicología de PR ha dicho, "ser ético no es una opción, es parte de la responsabilidad del psicólogo".

Es muy irresponsable por parte de los profesionales de la salud mental entrar en relaciones cuasi profesionales sin el pleno consentimiento de todas las partes. Igual de irresponsable es ese profesional de la salud mental que envés de tener el mejor interés de su cliente como prioridad, sirva como lacayo de las agendas escondidas y las políticas de las estructuras de poder.

Un profesional de la salud mental que incurra en violaciones éticas tiene que ser reportado. Ya que un comportamiento poco ético termina afectando a la profesión de la psicología y causando grave daño a los consumidores de los servicios que este brinda.

Excesos Psicológicos: Te Obligo a Sanar

En los asuntos de salud mental es necesario que las personas primero, reconozcan que tienen una situación por resolver. Segundo, que tengan una disposición para resolver sus asuntos. En escenarios como de terapia de pareja o familiar o grupal, es necesario que haya una voluntad colectiva para lograr la recuperación. Estableciendo de manera colectiva una meta terapéutica en común. Si estos elementos no están presentes no habrá un proceso de recuperación efectivo.

La realidad es que nadie puede obligar a otra persona a sanar.

Más cuando las relaciones han sido manchadas por la violencia. La violencia, ya sea psicológica, mental, física, sexual, etc., es violencia. Especialmente cuando la acción violenta está dirigida con intención y alevosía a intimidar o hacer algún tipo de daño. No hay eufemismo que la logre esconder la realidad de la violencia.

El asunto se complica cuando quien ha perpetrado la acción violenta es parte de las estructuras de poder. Se complica porque los que ostentan el poder entienden que tienen el derecho de aplicar ese poder indiscriminadamente.

La aplicación del poder es violencia.

Ahora, si la persona que ha recibido el acto violento se rebela contra el agresor, las estructuras de poder victimizan doblemente a la persona. Ya que no sólo recibió el acto de violencia, si no que ahora un sistema tratará de proteger a ese violento. En el proceso de proteger lo que hacen es condenar a la persona que protestó contra el acto violento.

Es aquí donde entran los profesionales de la psicología a obligar a la sanación. Pero esta obligación a la sanación la hacen al revertir la culpa del acto violento. Ahora la víctima es culpable de su reacción ante el acto violento. Así se desvía la responsabilidad lejos del que perpetra el acto violento.

Para esto los profesionales de la psicología tienen una serie de artimañas. La más utilizada es preguntar 'cómo te sientes'. Esto comienza a explorar los hechos y sentimientos. Pero en el momento que la información que se obtiene de la víctima no concuerda con los deseos de la estructura de poder, se cambia la dirección de la intervención.

Esto es común en los juegos de poder y es la epitome de la irresponsabilidad de los profesionales de la psicología. Es encubrir los hechos violentos y contribuir a la destrucción de la dignidad de esa persona a la cual se ha obligado a entrar en una relación cuasi terapéutica.

Así, que en el caso del niño que ha sido abusado por sus padres o tutores, el enfoque en la intervención no será la violencia que recibió, o sus efectos, si no los posibles sentimientos de amor que pueda tener por el tutor. Y si no los tiene el profesional de la psicología lo que hará es crear un sentimiento de culpa, utilizando 'porque no amas a tu padre, cuando es tu deber amarlo'.

La mujer que ha sufrido violencia sexual se le transfiere la responsabilidad de la transgresión por su naturaleza de mujer. Se le inculcará el sentido que ella se lo buscó. Y en el peor de los casos, ¿Cómo no ha de disfrutar de la agresión sexual? Si el ser humano está diseñado biológicamente para disfrutar del sexo.

El profesional de la psicología al servicio de las estructuras del poder buscará hacer a la víctima culpable, sublimar los sentimientos o desviar la responsabilidad. Se le creará un sentimiento de culpa por haber provocado la violencia que se ha perpetrado contra él. Y toda aquella victima que se rehúse a ser victimizada doblemente será declarada un rebelde que se niega a sanar.

Pero en ningún momento se atiende la verdadera causa o los efectos de lo que está creando problemas de salud mental... el victimario, ese agresor que incurrió en la acción violenta.

Es una vil alimaña el profesional de la psicología que se parcialice con las estructuras de poder en perjuicio con los derechos de la víctima de violencia. Destruye el proceso terapéutico, verdaderamente no se escucha a la víctima y lo que se busca es justificar y encubrir los actos de violencia. Todo en pos de la perpetuación del poder.

Actuar Responsablemente

Usted sabía lo que era lo correcto, pero eligió lo incorrecto.
Jueza Teresa Sarmian

Ser parte del liderato de una logia (u cualquier otra organización profana, místico-esotérica o fraternal) es una gran responsabilidad. No sólo ante los dogmas y tradiciones de la orden, o a la matricula que se sirve como líder, sino ante los sistemas legales profanos. La función del líder no se limita a proteger los dogmas institucionales o dirigir a la matricula. Esta incluye hacer cumplir fielmente la leyes, reglas o estatutos profanas o ese líder (y su sequito y personal administrativo) tendrá que responder ante autoridades profanas.

El juicio contra el Monseñor William Lynn, resuelto en el tribunal de Filadelfia, ha establecido un excelente precedente para la sana administración de las órdenes. En el sentido que se les recuerda a los líderes que pueden ser enjuiciados por actos ilegales que se comentan durante su liderazgo o administración.

El Monseñor William Lynn contribuyó a encubrir los actos de conducta sexual impropia de sacerdotes que estaban bajo su supervisión (la cual era principalmente administrativa). Sin embargo, falló en actuar apropiadamente ante los estándares legales de la comunidad donde reside.

Ni siquiera la protección sobre creencias religiosas en nuestro país o las alegadas expectativas del Vaticano de no reportar (o encubrir) los actos de abuso sexual pudieron salvar de la justicia al Monseñor William Lynn (Ver sección 1.15 del CICA).

Una gran lección de que el encubrimiento voluntario (y hasta el negligente) no será perdonado y castigado como el que perpetra el crimen.

Para las órdenes es un gran recordatorio (o advertencia). Un Gran Maestro, Imperator, Maestro de Logia, etc., que conozca de actos ilegales y decida, desde ignorarlos hasta activamente encubrirlos, es responsable ante los sistemas de justicia del país. Donde lo único que es necesario es que un miembro de la organización (o exmiembro o persona profana que tenga conocimiento) reporte los actos ilegales ante las autoridades profanas correspondientes…

Todo miembro de una orden tiene la responsabilidad de hacer cumplir las leyes. Especialmente si estas órdenes proclaman que hacen mejores ciudadanos o que son bastiones de la ética y la moral. El juego continúa cambiando… ya los líderes son responsables y tendrán que rendir cuentas por su acción o falta de esta, si no ante su orden, entonces ante las autoridades mayores que ella.

De la Administración de Logias

Esta breve nota fue inspirada luego que presenté una ponencia en Cartagena de Indias, Colombia, sobre la transparencia y la buena administración en el gobierno.

Uno de los instrumentos que las organizaciones tienen para garantizar un limpia y transparente administración es la autorregulación por los miembros de esta. Donde sus integrantes tienen el deber de reportar actos impropios de otros miembros de la organización.

Para esto se establece una cultura organizacional que fomente la fiscalización de los pares. Estableciendo mecanismos para que los sospechados actos impropios puedan ser comunicados a las secciones de la organización con el poder de investigar los mismos. Además de ofrecer la protección a los que levantan las banderas rojas sobre los actos impropios.

Administrativamente, las logias que se han establecido en Puerto Rico carecen de esos mecanismos.

El sistema de 'derecho' administrativo que se ha desarrollado en las logias puertorriqueñas es uno que desalienta la supervisión de pares. Donde los niveles de complejidad se entrelazan para evitar que se pueda fiscalizar efectivamente a la administración de la organización. Añadiendo las estructuras de poder que tienden a proteger y perpetuar un sistema independientemente de su efectividad. Haciendo muy difícil que la administración de la organización sea una limpia y transparente.

Más aun, en la práctica, no hay sistemas o procesos que protejan al 'hermano' que señale actos impropios. Por el contrario, el sistema está tildado a proteger el liderato más allá de lo razonable.

Por el contrario, el sistema esta tildado al reverso.

El sistema de honor (donde se acata un código ético/moral más allá de la supervisión o castigo externo), el cual presumiblemente existe en las logias puertorriqueñas, es ineficiente. Ya que para que este funcione se necesitaría una efectiva educación hacia la ética y moral. Sistema educativo que, a pesar de las protestas de muchos, en efecto no existe en la masonería puertorriqueña. Peor aún, las instituciones socializadoras profanas a las logias, que establecen un fundamento ético y moral, están perdiendo su efectividad en inculcar los mismos. Lo cual impide sostener el sistema de honor necesario para garantizar una limpia y transparente administración de la logia.

Para remediar esto, se tiene que establecer organismos independientes, objetivos y que rindan cuentas de sus actos los cuales:

1. Tengan el poder de investigar las alegaciones de actos impropios de manera rápida y eficiente
2. Donde los que han levantado las banderas de alerta de actos impropios sean protegidos del sistema que busca amapuchar o encubrir esos actos. O en el descredito de la persona testigo

de esos actos minimizar los actos de corrupción que plagan a
las órdenes.

3. Que haya una transparencia en los procesos y rendición de
cuentas los de oficiales a cargo.

Para esto se necesita a un liderato serio y una matrícula con alto
discernimiento cívico. Comprometidos con un ideal que trascienda
los personalismos y la inmediatez o la próxima votación. Con una
madurez administrativa y compromiso con la transparencia
administrativa muy carente en el profano puertorriqueño de la
actualidad. Que podemos esperar de un país en que la Comay es el
programa de televisión más visto y el Chuchin, Arango, Martínez, son
los representantes de un 'pueblo'.

Las Chimeneas, ¿Grupo invasor?

R.U.A.T./Y.B.Y.S.A.I.A.

La conformación de todo grupo o colectividad necesariamente se basa en la discriminación y/o exclusión de personas o grupos. La segregación fundamentada en criterios arbitrarios es elemento cardinal para la consolidación de toda entidad. Esto se hace para lograr tener dentro de una misma 'sombrilla' a las personas con intereses o características iguales o parecidas.

De manera efectiva excluyendo a las personas que no son iguales o parecidas. O si somos francos a los que no nos gustan porque "están muy feos" o no están a nuestra alta alcurnia.

Los que se afilian a grupos políticos lo hacen por su afinidad a una plataforma política o líder carismático. Los que se unen a talleres profesionales lo hacen para estar con los colegas de su profesión. La realidad es que las personas tienden a agruparse con los elementos del grupo que más están afines con su carácter y personalidad. O por la necesidad pragmática o afectiva, el animal humano es gregario por naturaleza.

La masonería como un reflejo de la sociedad en general, y de los procesos del ser humano, no está exenta de aplicar sus criterios de exclusión. La masonería tiene los elementos de exclusión bien definidos de quienes pueden o no pertenecer. Simplificando, estos elementos discriminatorios son: Creer en un ser supremo (algunos lo llamarían dios), ser un hombre de bien en la comunidad y tener mayoría de edad. Además, también existe una serie de mecanismos discriminatorios informales para mantener al que no es igual o parecido fuera de la matrícula.

A manera de ejemplo, logias donde sus miembros son fundamentalistas religiosos no permitirán que un secularista o liberal entre a sus filas. Aclarando, que los fundamentalismos religiosos no sean requisitos explícitos para afiliación en la masonería. De hecho, personas que tengan características específicas de un grupo (en este caso ser un fundamentalista religioso) serán aceptados de manera más expedita. Obviando los elementos discriminatorios que posiblemente lo excluirían.

Dentro de todo grupo se crean subgrupos. Así los fundamentalistas religiosos se dividirán en grado de fanatismo. Desde los que toman la "biblia" literalmente a los que sólo toman parte de la "biblia" como literal. (o una mera alegoría).

En la masonería se pueden encontrar estos subgrupos de manera institucional e informal. Institucionalmente se tienen los Altos Cuerpos, Arco Real, Shriners, Estrellas de Oriente, Acacistas, etc. Cada grupo tiende a agrupar a las personas que tienen intereses parecidos dentro de los posibles intereses que se encuentran en la masonería.

Los subgrupos informales se conforman por la mera afinidad de interés peculiares en un microcosmos. A manera de ejemplo Aurora #7 tiene el concepto de los 'Auroritas', Esfuerzo #82 tiene a las Chicolinas, otras logias tienes grupos de damas. La Gran Logia Soberana tiene la Orden de los 100. Ahora sería la pregunta, ¿La totalidad de matrícula de una logia se siente incluida en dicho grupo?

Sin hacer mucha gimnasia mental, podemos afirmar que no. ya que los requisitos de inclusión a estos subgrupos no son necesariamente expansivos a la entera colectividad de un taller.

Así que un grupo de los fumadores de una logia podrían formar su propio grupo: Las Chimeneas. El cual por su razón de ser excluiría a los no fumadores o a los que no les agrade el hábito (o vicio) de fumar.

¿Sería esto un intento de formar algún partido o un complot para sembrar la discordia entre los fumadores o no fumadores de una logia? La respuesta simple es, no. Ya que los fumadores simplemente quieren solidificar su afición por el tabaco o relación con otros fumadores.

De igual manera, los masones que quieren formar un grupo de estudio bíblico o de estudio de temas místico-esotérico lo hacen no desde la mala intención de crear discordia, si no desde el interés de buscar a personas con intereses parecidos dentro de un núcleo de personas.

Todo está en la manera en que se presenten los hechos, las actitudes ante la exclusión de los masones no incluidos y la madurez (o falta de ella) ante los grupos que se establecen de manera formal o informal.

Ya que la intolerancia de un no fumador le puede llevar a la idiotez de afirmar que las Chimeneas son un grupo invasor a la masonería. Que la exclusión de los no fumadores a un club de fumadores siembra la discordia.

Esta actitud lo único que refleja es la falta de madurez, el miedo de vivir en una sociedad civilizada y multicultural; el terror de no ser parte de algún grupo, de ser excluido y estar solo.

Más importante es el hecho, que estas actitudes demuestran la falta de madurez necesaria para vivir en una sociedad civilizada por parte de hombres libres de pasiones mezquinas y de las buenas costumbres que nos harían merecedores de ser buenos hermanos.

Pero claro, esa es la madurez de vivir en sociedad.

Actitudes ante la Corrupción

Cargos por corrupción. ¿Corrupción? Tenemos leyes en contra de la corrupción para precisamente salirnos con la nuestra. La corrupción es nuestra protección. La corrupción nos mantiene a salvo y cómodos. La corrupción es la razón por la que siempre ganamos. Syriana (2005)

En septiembre del 2011 un alto oficial de la masonería puertorriqueña me amonestó, exclamando con indignación: Es que son sólo 120 dólares. Esas palabras las dijo luego que le informara que se había descubierto evidencia que sugería la malversación de fondos (además de la falsificación de documentos) por parte de unos de un Venerable Maestro de una sus logias.

La verdad es que somos humanos, por lo cual tenemos derecho a errar. Que somos pecadores, y que estamos propensos a sucumbir ante las tentaciones. Mas cuando un indigente que jamás ha estado en posiciones de poder, con problemas económicos, se ve con acceso a "grandes" cantidades de dinero y poca rendición de cuentas ante la matricula que le eligió a la posición de liderato.

Pero de igual forma tenemos la responsabilidad de rectificarnos. Tenemos el compromiso de cuando nos enfrentamos, o nos enfrentan, con lo equivocado de nuestras acciones de hacer los arreglos necesarios para efectuar un acto de constricción, rescindir el mal que se ha hecho y hacer todo lo posible para no volverlo a cometer.

Sin embargo, en la masonería puertorriqueña, en especial en sus transitorios líderes, no hubo un acto de corrección. No hubo algún acto de arrepentimiento el cual buscara rectificar el acto errado.

Por el contrario, las acciones institucionales, comenzando por el más alto dirigente, fue de incautar la evidencia, encubrir los actos impropios y castigar a los que levantaron las banderas rojas de la malversación de fondos y falsificación de documentos, y a los que no se acomodaron al encubrimiento.

Esto es una expresión corrupción en una de la masonería en Puerto Rico. Lo que hace de este un acto por demás pernicioso, es el hecho que la masonería puertorriqueña reclama tener los ideales de la rectitud moral como piedra angular de sus actos. ¿Cómo pueden decir: "Somos sabios, poseemos la ley del Señor", si la pluma mentirosa de los escribas ha convertido esa ley en mentiras? (Jeremías, 8:8).

No sólo se es corrupto, también se es hipócrita.

La corrupción es cuando la persona actúa en plena consciencia que está actuando de forma errada. Haciéndolo en búsqueda de algún efímero placer o mero poder terrenal en detrimento de otro ser humano. Las acciones de esos líderes en esa orden fraternal son un ejemplo de lo que es ser un corrupto. El Catecismo de la Iglesia Católica nos dice que: Al apartase de la moral, el hombre atenta contra su propia libertad, se encadena a sí mismo, rompe la fraternidad con sus semejantes y se revela contra la verdad divina (Para. 1740).

Es aquí donde el Papa Francisco nos da la verdadera luz de lo que deben ser nuestros actos. Dándole grandes lecciones a los que pululan y dirigen a la masonería. Luz que no se encuentra en la masonería puertorriqueña.

El Papa Francisco nos alienta a que trabajemos en no ser un corrupto. Que reconozcamos que somos pecadores, pero no sucumbamos a la corrupción. Él nos dice que: Que pidamos la gracia de no convertimos en corruptos. Pecadores si, corruptos no y la gracia de ir por el camino de la santidad. Añadiendo que: La hipocresía es el lenguaje de la corrupción. La hipocresía no es un lenguaje de verdad.

Independientemente que se profese el cristianismo como camino a la salvación, o se acepte a la iglesia católica como institución heredera de Cristo, aquí hay una gran lección. De ahí que se aliente a todas las personas que son parte de las órdenes fraternales a mantenerse dentro de los límites de la moral y la verdad, que son ellas quien nos lleva al amor... no la mera obediencia a otro ser humano, que es lo que se alienta en la esas órdenes fraternales...

Hay que Cuestionar a los Líderes de las Logias

En un país donde la democracia impera, donde se tiene la libertad de reunión, de expresión y culto, además de tantas otras libertades y garantías que le permite a personas o instituciones (como la masonería, odfelismo, rosacruces, etc.) no es sólo permitido cuestionar a nuestros líderes, es nuestra responsabilidad. Ya que la institución se sostiene por nuestra membresía y los líderes han llegado a sus posiciones gracias a nuestro consentimiento y por nuestro voto.

Siempre que se haga de una manera respetuosa, ningún líder debe sentirse ofendido o amenazado por que sus 'constituyentes' le pidan cuenta de sus decisiones y acciones. Más cuando las preguntas se refieren a asuntos administrativos y fiscales.

Somos miembros de logias, las cuales requieren cuotas de membresía. Otras requieren cuotas especiales, como las de mantenimiento de edificios; Además muchos de nosotros hacemos donaciones para el fondo de hermanos en necesidad, viudas y huérfanos. Este pago de cuotas nos da el derecho y la responsabilidad de cuestionar a las personas que administran los fondos que nosotros hemos contribuido a la institución.

Ahora, cuántos sabemos la cantidad total que se encuentra en estas partidas. Cuántos sabemos la totalidad de los fondos al principio del año fiscal. Y cuánto ha ingresado y salido de las alcas de la logia.

Esta información debe ser conocida por todos los miembros de sus logias y el preguntar sobre estos asuntos no es un asunto de insubordinación o falta de respeto a la figura de un Líder/Administrador de una logia o institución. Todo es parte de un proceso de sana administración y transparencia en los procesos fiscales.

Sólo líderes que tengan algo que esconder (o que sean malos administradores) deben temerles a las interrogantes de algún miembro de la institución. Si no cuestionamos a nuestros líderes, custodios de la administración de nuestras logias, somos en nuestro silencio cómplices de las decisiones que se tomen. Ya sean buenas o malas.

Hay que hablar y actuar.

Los Doble Estándares

En mi libro, Vox Exigua Tomo II, discutí sobre los dobles estándares a los cuales lo líderes de las órdenes místicos-esotéricas y fraternales someten a la matrícula de estas. Donde comencé por exponer que:

Todas las órdenes místico-esotéricas y fraternales tienen doble estándares. Los cuales buscan justificar y permitir la conducta impropia de los líderes, iniciados y/o acólitos predilectos. Sin embargo, leyes, reglamentos y otras expectativas sociales se aplican de la manera más estricta a los profanos a las posiciones de liderato y al mezquino amor de los líderes (p. 16).

Estos dobles estándares se manifiestan de manera muy perniciosa en las órdenes esotéricas y fraternales (como la masonería) en Puerto Rico. Lo peor es que estos dobles estándares son aceptados por la matricula. Este fenómeno de aceptación se podría explicar desde la perspectiva del Condicionamiento Operante o de la teoría de que "algún día me tocará a mí".

Durante más de 500 años a Puerto Rico se le ha enseñado a obedecer y no cuestionar. Ya sea en las instituciones sociales como la familia o la iglesia; o en las instituciones gubernamentales como la las escuelas; o las coercitivas como la policía o milicia. Al isleño insularista de este país se le ha intentado domar.

Por otro lado, este fenómeno de la "aceptación" es únicamente una inversión en un mítico futuro. Donde el sumiso ante los dobles estándares espera que en algún momento estará en la posición de liderato o poder. Para así ejercer ese poder de esta perversa manera que sus antecesores lo han ejercido.

La condición del colonizado de Fanón.

Es lamentable que sea muy común que se cause daño de forma deliberada contra un miembro de la orden esotérica y fraternal. Especialmente cuando éste no está en el selecto grupo de aduladores. Simplemente se ejerce el poder, porque sencillamente se puede ejercer, para demostrar que más allá de toda duda que se tiene el control.

"Lo expulsé"

"Lo suspendí"

"Lo castigué"

"Porque tengo el poder"

"Porque tengo la autoridad"

"Porque lo puedo hacer y cualquiera que cuestione mi poder es mi enemigo"

Lo interesante es que una vez se ha causado el daño, y este no puede ser justificado de forma alguna, se le exige el perdón de la que ha recibido el daño.

Se obvia lo que sería una suposición lógica, que un verdadero líder no causaría daño a los miembros de orden. Un verdadero 'hermano' o 'frater' se esforzaría para no causarle daño a otro. Pero esa no es la realidad que impera en las órdenes del país. Por el contrario, es muy común que los líderes, y los más prominentes miembros causan daño, a veces por negligencia o descuido, pero la mayoría de las veces de manera deliberada y con pleno conocimiento que se ha de causar daño.

Luego de causar el daño exigen el perdón de las personas a las que se lo han causado. Y son tan perversos que alaban la sumisión de sus víctimas. Exaltando esa condición sub sirviente a sus mezquindades como ejemplos de amor fraternal. Ponen sobre las estrellas a los hermanos que han soportado el daño que se les ha causado y no han reclamado la justicia.

Todo en un ejercicio del poder. 'Miren cuan poderoso soy, que puede causar daño, quedar impune y ser perdonado por mi victima', gritarían con gran orgullo si no fuera que perderían los 'puntos' de admiración que han ganado ante la matricula.

¿Si la persona no está dispuesto a darle ese perdón exigido? Más, cuando el agresor no se ha arrepentido por hacer el daño, ni ha hecho algún acto de contrición.

Esa víctima es demonizada por quien le ha hecho daño.

Se dice que esta persona no es digna de ser un 'hermano' o 'frater' o cualquier calificativo que se utilice para nombrar a los miembros de esa orden esotérica y fraternal.

Sin embargo, muy convenientemente se obvia, o en el mejor de los casos se ofusca, la realidad que si verdaderamente se fuera un 'hermano' o 'frater' no se pondría a la persona en la necesidad de pedir u otorgar el perdón. Que si verdaderamente se practicarán las enseñanzas de la masonería universal no se causaría daño deliberadamente o por criminal negligencia.

Se obraría de la mejor manera posible para que la acción del perdón fuera innecesaria.

Pero, es claro que esto requiere madurez muy carente en los líderes, en la mayoría de sus predilectos, de las órdenes esotéricas y fraternales de nuestro actual país.

Los Doble Estándares: Revisitado

La impunidad es una de las creencias comunes que tienen los que ostentan las posiciones de liderato en las órdenes esotéricas y fraternales.

Donde creen que por ser parte de una orden esotérica y fraternal ya las leyes de la sociedad civil no le aplican. Eso puede explicar porque un líder pone en peligro la seguridad y vida de la matricula al sobre llenar un salón; sin embargo, castiga al bombero responsable que aplicó las leyes civiles que protegen la vida y seguridad de los ciudadanos.

Por otro lado, el uso de la autoridad civil por parte de los miembros de una orden, de manera impropia y hasta ilegal, para complacer los caprichos de algún líder en la orden es uno de los criminales más comunes en las órdenes.

A manera de ejemplo.

Un miembro de la Policía de Puerto Rico que utiliza su posición y los recursos de la agencia para para investigar a algún candidato o a algún hermano. Esto no es sólo es un acto impropio, es un acto ilegal castigado por la ley civil.

Sin embargo, el miembro de la orden que incurra en este delito es alabado por su lealtad a la Orden.

Ahora, si un miembro de la Orden contrata los servicios de un investigador privado para indagar sobre la 'vida y milagros' de algún miembro de la orden, o del líder de esta, este miembro es visto de manera negativa. Donde se le condena por haber utilizado los recursos legales a su disposición para averiguar los secretos de ese líder que hace daño.

Lo interesante no es que el líder haga reclamos de privacidad, mientras obvia las actividades criminales del que le trajo información del miembro al que le quiere hacer daño. Lo espeluznantemente interesante es que la matricula acepta la palabra del líder, condena al miembro que investigó, y alaba al criminal que uso los recursos del estado de forma inapropiada.

Esta es una de las manifestaciones de los dobles estándares en las órdenes esotéricas y fraternales...

Hombres libres y de Buenas costumbres:
Heterosexuales

Hace unos años tuve que retirar la recomendación de un profano a la masonería. En el proceso investigación se me informó algo que ese candidato no me había dicho. Hasta ese momento era un amigo, sin embargo, nunca me había dicho que era bisexual. Según los estándares de la logia a la que pertenecía el no ser heterosexual era una falta que lo descalificaba para ser un masón. Ya que sólo un hombre heterosexual es uno "de buenas costumbres".

Ahora que han pasado años y conozco más de la masonería puertorriqueña sé que se considera de manera extraoficial la homosexualidad como un factor "descalificante"... no importa la cualidad y contribución de la persona a la sociedad puertorriqueña.

Uno de mis mentores, un neurocientífico, que le ha dado la mano a más de 1,000 estudiantes puertorriqueños en un área de la educación subdesarrollo en Puerto Rico, no podría ser masón. Ricky Martin, quien le trae gloria y orgullo a Puerto Rico (además de aportar millones en donaciones y prestar su imagen para filantropías) no podría ser masón.

Sin embargo, un viejo chismoso y mala fe, que no aporta de forma alguna al beneficio de la sociedad puertorriqueña puede ser masón, dirigir una logia y ser dignatario en los altos niveles de la masonería puertorriqueña.

Lo cual obliga la pregunta, ¿Qué es ser un hombre libre y de buenas costumbres? ¿Es la elección en monogamia de quien se acuesta a tu lado todas las noches un factor? Mi mentor lleva décadas con su paraje en fidelidad, lo cual podría en vergüenza a muchos de los masones que conozco por su orgullosa infidelidad a sus novias y esposas.

El no aceptar a los no heterosexuales por su sexualidad en la masonería puertorriqueña es una imposición basada en las creencias "morales" fundamentalismos religiosos. Donde se ha perpetuado una visión estereotipada, errónea y discriminatoria de un grupo de personas.

La Inviolabilidad: Elemento *sine quan* non de la Corrupción

Se ha escuchado citar constantemente de Pasados Venerables Maestros y Venerables Maestros que, "el VM gobierna y dirige su logia a su mejor conveniencia". Sin embargo, en raras ocasiones se ha escuchado la frase que completa la anterior, "siempre que no se aparte del Ritual y los Estatutos".

Es muy común que las personas citen derechos y privilegios, pero no sus deberes, responsabilidades y limitaciones. Es la naturaleza egoísta del ser humano tratar de obtener el máximo placer con el menos esfuerzo posible. De ahí la alta incidencia de corrupción en países como Puerto Rico.

La masonería como reflejo de una sociedad no está exenta de eventos en los cuales sus miembros incurren en una acción corrupta. Ya sea porque individuos indeseables se hayan logrado infiltrar por el proceso de investigación. O porque con el tiempo las personas se corrompan con los títulos, puestos, posiciones y poder que puedan obtener dentro de la masonería.

Uno de los elementos de la masonería puertorriqueña que fomenta la corrupción lo son aquellas disposiciones en el Código Legal Masónico que hacen de un líder inviolable ante las personas que lo eligieron para dirigir. El estar inmune a la fiscalización de las personas lo eligen para presidir una logia y que están en la mejor posición para hacerlo, es una soberana tontería. La cual no responde a las mejores prácticas que buscan garantizar la sana administración.

Por ilógico que parezca, los apologistas y defensores de leyes, reglas y estatutos que extienden estas protecciones irrazonables a los líderes entienden que el mismo debe mantenerse, porque los mismo le dan la protección necesaria para que un líder de una logia pueda actuar libremente en el desempeño de funciones. Por otro lado, se entiende que el Venerable Maestro necesita esta protección para poder hacer cumplir la ley masónica en sus talleres. Así un Venerable Maestro que aplique la ley fielmente no podrá ser removido de su puesto por los elementos corruptos de su taller.

Lo cual crea la interrogante, ¿No es la masonería una institución moral que busca "hacer de hombres buenos mejores"? Por lo tanto, la protección de una persona para aplicar una ley seria innecesaria, ya que debe ser la naturaleza de los miembros un comportamiento ético y moral.

Así que tácitamente se está reconociendo que los procesos de escrutinio de los candidatos a la masonería pueden no ser efectivos en garantizar la entrada de los mejores elementos de la sociedad. Fallando en la misión de hacer a "buenos hombres mejores" por no tener la materia prima adecuada.

Así se obvia todos los artículos de la Constitución, Estatutos y Reglamentos que imponen en la figura del Venerable Maestro una serie de responsabilidades para la protección de la Ley Masónica, de la Logia y la Fraternidad.

El Artículo 72 de los Estatutos de la Gran Logia Soberana de Puerto Rico es uno que fomenta la corrupción y el comportamiento antiético y poco moral. Este crea una figura inviolable la cual no puede ser interpelada por las personas que más cercana están a él. Por lo cual son los que tienen un acceso primario a la evidencia que lo podría implicar en actos de corrupción.

Pero más importante se limita la capacidad de las personas que pueden fiscalizar de una manera efectiva el comportamiento de su líder. Es la capacidad de poder fiscalizar a los líderes (quienes son elegidos por los procesos democráticos) lo que tiende a garantizar una transparencia en los procesos. Por otro lado, añade unas capas burocráticas para poder atender las acciones que pueden ser catalogadas como inapropiadas.

El poder corrompe, y el poder absoluto corrompe absolutamente.

La persona que incurre en acciones de corrupción lo hace porque entienden que no han de ser atrapados o porque las ganancias ameritan el riesgo. El Artículo 72 crea una inmunidad irrazonable que fomenta la corrupción. Le quita el poder de fiscalización a los gobernados. Este impide que se le diga a un Venerable Maestro cuando esta errado. Si un Venerable Maestro cometió un error, el Artículo 72 puede ser invocado y evitar ser corregido por el mismo.

La inviolabilidad de un líder lo único que logra es fomentar la corrupción. Tal vez, en tiempos lejanos, la inviolabilidad era necesaria para poder ejercer el control dentro de una organización donde la membresía era voluntaria. Tal vez era necesaria para proteger a esa persona que asumía un rol de liderato para que pudiera ejercer sus funciones. También pudo ser que sea un reflejo de una imitación a la inviolabilidad de reyes y monarcas.

En un mundo moderno, donde ya el concepto de rey y monarca está cayendo en desuso, donde un sistema democrático ofrece garantías, derechos y privilegios, la inviolabilidad del líder no es necesaria para que este realice sus funciones. Un líder tiene que responder a las personas que lo eligieron para su posición. Además, un líder que sea cumplidor de la ley no debe tener ningún miedo al escrutinio.

Radiografía de un Líder (Fracasado)

No importa la organización, hay personas que llegan a puestos de liderato quienes nunca debieron llegar a ellos. Ya sea porque no tienen las destrezas necesarias para ocupar una posición de liderato o porque sus estilos de liderato son tóxicos para la organización. Sin embargo, llegan a ellas.

Las maneras en que llegan a las posiciones de liderato son variadas. Desde un sistema de selección poco riguroso hasta los engaños de la persona que tiene hambre por ser reconocido como un líder.

En organizaciones profanas/privadas, donde la organización y las ganancias son más importantes que las personas, estos líderes no duran mucho. Ya que las organizaciones profanas/privadas no pueden darse el lujo de permitirle a un inepto hacerle daño a la organización. Así que estas pobres excusas de líderes son eliminadas de sus posiciones y sustituidas por personas que si tengan la capacidad de ser líderes.

Esta intolerancia a la mediocridad en las organizaciones profanas/privadas es una de las razones por la cual muchas de las organizaciones voluntarias y cívicas terminan con personas en posiciones de liderato completamente ineptos para poder realizar sus funciones. Estos fracasados buscan lograr el poder en lugares donde los estándares no son tan severos. Así pueden llegar a posiciones de liderazgo, lo cual le permite satisfacer su ego. Ya que, en el mundo real, jamás lo han podido lograr.

Este fenómeno es muy patente en las organizaciones como la masonería, rosacrucismo, teosofía, gnosticismo, etc. Por su naturaleza, estas organizaciones atraen a un alto número de personas 'excéntricas' y/o emocional o psicológicamente desajustadas o mal adaptadas. Recordemos que según un estudio de la universidad de Cornell, para el 2005 un 35% de la población puertorriqueña tiene algún problema psicológico o emocional. Y una organización que reclaman viajes astrales, elevaciones al sanctum celestial, o la adulación por las obras filantrópicas que realiza, atraerá a personas que su salud psicológica o emocional podría ser puesta en duda.

Más importante, en el aspecto de liderato, es el hecho que al ser organizaciones voluntarias atraen a personas que tienen las ansias de ser líderes, adquirir poder, autorrealización o simple adulación. La realidad es que organizaciones voluntarias, como la masonería, rosacruces, gnósticos, etc., se nutren de estos líderes fracasados. Por ser organizaciones de voluntarios es difícil hacer un *cernimiento* severo.

Es demasiado común que personas que no han logrado algo importante en su vida ven en la masonería, rosacrucismo, teosofía, gnosticismo, etc. un lugar donde pueden asumir un rol de importancia. Todos estos líderes tienen algo en común, son unos fracasados. Si escudriña su vida se podrá notar el alto nivel de fracasos en múltiples facetas de su vida. Para reconocer a ese líder fracasado se tiene que evaluar una combinación de 4 aspectos de su vida:

Académico – Generalmente estas personas no tienen altos títulos académicos. Por el contrario, no han completado estudios universitarios o hasta fueron desertores escolares. Otros 'se tuvieron que conformar' con estudiar algún oficio técnico en el cual el intelecto no era importante. O simplemente no tuvieron la *estámina o* las oportunidades de completar su educación.

Profesional – Esta en los escalafones más bajos de la compañía para la que labora. Ya que no tiene las habilidades necesarias para poder ser un gerencial. Está trabajando haciendo un segundo o tercer turno. Muy probable está subsistiendo con los subsidios que ofrece el gobierno de alimento y salud. En el peor de los casos, está viviendo con sus padres porque no tiene el dinero para poder tener su propia casa.

Personal – Han fracasado en su vida personal. Son divorciados o separados. Tienen situaciones personales tormentosas, problemas con familiares o vecinos. Sus relaciones con sus progenies no es la mejor, y tiende a catalogarse clínicamente en alguna modalidad del maltrato o el abuso.

Espiritual – su vida espiritual no es plena. No se conoce de su asistencia a una iglesia o templo. Tampoco de su adhesión a los estándares establecidos en los dogmas de alguna religión. Por otro lado, la iglesia/religión se convierte en excusa o paliativo

El problema es que los sentimentalistas en las organizaciones como la masonería, rosacrucismo, teosofía, gnosticismo, etc. es que entienden que se le debe dar una oportunidad. Y cuando comienzan a fallar dicen que se les tiene que ayudar. Lo cual es muy noble, pero en el camino lo que se logra es hacerle daño a la organización. Ya que se tiene que invertir mucho tiempo y recursos. Terminando en un gran desperdicio para que una persona pueda completar su ego. A la vez que no se le permite al capacitado contribuir de manera plena en la organización.

Eso no es una sana administración y sólo lleva al fracaso. Ninguna organización puede tolerar constantes fracasados que intentan llenar un vacío existencial con la masonería, rosacrucismo, teosofía, gnosticismo, etc.

Al final de camino, son unos fracasados que nunca han logrado algo, nunca logran algo. Lo más importante que tienen en sus vidas es ser el presidente/maestro/líder de una organización de voluntarios. Que probablemente lo eligieron por pena, porque después de pasar años barriendo el patio o desganchando un árbol o simplemente ir a una reunión constantemente le quieren premiar con ser el líder de una organización.

Un Coda

Es interesante como de los lideres fracasados no se ha escrito mucho, cuando se compara a los interminables volúmenes que tratan de la sana administración y liderazgo efectivo (generalmente a los fracasados se utilizan limitadamente como ejemplos de lo que no se debe hacer).

Se tiene que reconocer que quienes son los mejores líderes para la masonería, rosacrucismo, teosofía, gnosticismo, etc. son los que se han probado en el mundo real. Los que han logrado la autorrealización en las diferentes áreas… principalmente académico, profesional, personal y espiritual. Así que los potenciales líderes que se integran a la organización puedan aportar sus experiencias y conocimientos y no han de tomar o utilizar de ella como un lugar para lograr lo que en el mundo real no han logrado.

Si, por sus obras los conoceréis, estos buenos líderes y administradores son aquellos que han logrado establecer una presencia de ética profesional y excelencia en el desempeño de sus labores en el mundo profano/privado.

Al elevar los estándares y cernir el acceso a las posiciones de liderato y poder en las organizaciones, estamos logrando mejorar la institución. Haciéndola una más efectiva con una gerencia que la pueda llevar a completar cualquiera que sea sus metas… claro si estas son metas de excelencia y provecho para el individuo y la sociedad…

Las cuales no se encuentra en las órdenes esotéricas y fraternales...

Las Sillas de la Logia y el Templo están Vacías

Las sociedades cambian. Las instituciones que las componen son las que provocan o dirigen estos cambios. Las que se mantienen pasivas, y no se adaptan a esos cambios sociales, perderán su pertinencia, serán anacrónicas y desaparecerán.

Cuando no existía el internet y los centros comerciales modernos, la logia era un lugar de socialización. En el cual las personas se reunían para poder compartir y establecer amistades. Cuando no había fácil accesibilidad a medios de conectividad y las alternativas de entretenimiento eran limitadas... las logias servían de lugar de entretenimiento para sus miembros; cuando los talleres profesionales no eran de fácil acceso, las logias era un lugar donde los profesionales y trabajadores podían reunirse a dialogar de negocios. Cuando los medios de transportación no eran muy confiables, visitar a una logia era toda una aventura.

La realidad social ha cambiado, ahora las logias han perdido pertinencia. Ya las funciones que en algún momento realizaban, por las cuales se buscaba membresía, ya no existe o ha sido ocupada de manera más efectiva por otra organización social. Las logias no han podido adaptarse efectivamente a las necesidades sociales de la actualidad.

Las logias ya no tienen la pertinencia y relevancia que tuvieron en algún momento. Y se han limitado a ser meros almacenes de glorias del pasado... y se formulan preguntas difíciles:

Por qué hemos de ir a escuchar a unos viejos recordar de sus glorias (y chismes) del pasado.

Por qué tenemos que pagar una cuota de membresía para escuchar lo mismo todas las semanas.

Lo perverso es, quien haga esas preguntas se convierte en el enemigo. En una persona de poca fe que no ha podido comprender lo que significa ser masón. Perdiéndose la perspectiva, que reconocer los cambios sociales y contestar las preguntas difíciles es lo que puede ayudar a la masonería a volver ser importante y relevante en la sociedad puertorriqueña.

Masonería: Ley del menor denominador

Cada vez que protestaba por alguna acción impropia de algún masón o me enfrentaba a algo que vulnerara mi noción de ética o moral… estas eran las palabras con la que los apologistas de la masonería enfrentaban mi indignación: "Hermano, usted es más inteligente" o "Hermano, usted tiene más educación". Continuando con "es usted quien los tiene que comprender" o la frase que más me enfurecía "es usted quien tiene que bajar a su nivel".

Por un tiempo las acepté. Hasta que llegó el momento en que ya simplemente no las consideré validas… y tomé en una actitud intolerante ante la mediocridad, mezquindad y egoísmos que estaban en la masonería puertorriqueña. Lo interesante es que ese momento me convertí en un mal masón.

Porque en la masonería puertorriqueña la ley es la tolerancia a los impulsos más bajos del ser humano. Se condena a los que pretenden, y esperan, elevar al ser humano al nivel donde aquellos que están devastando la Piedra Bruta deberían estar. Porque en realidad ser un buen masón es buscar la excelencia y mejorarnos como personas.

Ser tolerantes ante los bajos impulsos lo único que hace es bajar los estándares. Es hacerles un desfavor a los hermanos e invalidar la meta de la masonería de hacer de buenos hombres mejores.

Por una Camisa

La epístola que envié a un futuro Venerable Maestro

Se dice que no hay confidencias, sólo la ilusión de ellas.

Cuando presenté a Gerardo como candidato, éste fue aceptado como un "amigo" de la logia casi de inmediato. Incluso, como los "dueños de la logia" verdaderamente no quieren convocar la ayuda de los hermanos del taller, le pedí que me ayudara a limpiar la logia. Lo cual hizo gustosamente. En varias ocasiones visitó la logia cuando uno de los "dueños de la logia" y yo estábamos allí.

Todo marchaba de maravilla, hasta aquel sábado que no hice lo que a uno de los "dueños de la logia" le dio la gana. Después de ese sábado el proceso para convertir a Gerardo de candidato a masón se detuvo. Ya que yo soy "un mal agradecido"… los "dueños de la logia" no me quieren hablar. Al punto que ha ignorado mis pedidos de información sobre mi "candidato".

Aun así, fue invitado, y llevé a Gerardo a una Tenida Blanca. Le dije que vistiera sus mejores ropas para tal ocasión. Lo cual hizo, pero sus mejores ropas no fueron los suficiente para los gustos del Gran Maestro. Ya que, sin conocer la realidad de la persona, sin tomarse el tiempo de conocer su haber cultural, consideró a Gerardo indigno de ser masón por estar mal vestido.

Interesante los doble estándares masónicos, si consideramos que Gerardo en ese momento no era un masón. Ni si quiera era oficialmente un candidato. Por lo cual no debería estar sujeto a los estándares masónicos. Porque si para unas cosas no se le trata o se le otorga los privilegios como masón, para otras tampoco se le debería exigir como masón.

Claro cuando se manipula los procesos se puede hacer de todo.

Sé cuáles son los estándares de las aplomación, ya que participé de ellas con los "dueños de la logia". Sé cuán minuciosas o cuán laxas pueden ser… cuando conviene. Foucault tenía razón con sus relaciones de poder, las reglas son invocadas y obviadas cuando a los que tienen el poder entienden que más le conviene.

Gerardo tiene un defecto magno… no es un bebedor empedernido, ha cuestionado el "alcoholismo" de uno de los "dueños de la logia", ha criticado a aquellos que convierten la logia en una barra y hacen en ella lo que no harían en sus casas. Es evidente que no lo van a querer.

¿Cuándo se ha traído a un candidato a la logia para que trabaje por ella? ¿Cuándo se ha llevado a un candidato a una actividad masónica para que conozca a los hermanos? Ninguna buena acción quedará impune, yo no he de quedar impune por mis buenas intenciones. Esos mismos que critican a Gerardo, son los mismos que han otorgado iniciaciones, asensos y exaltaciones a personas, que, siendo masones, no cumplen con las expectativas de un masón. Sin embargo, a Gerardo, de manera selectiva, se le imponen expectativas que no se han exigido a otros… a los que si se les tiene que exigir.

La pseudo aplomación de Gerardo es una por conveniencia. Los resultados una mentira (investigué a los Aplomadores y sus gestiones).

No hay coincidencias, a Gerardo no lo quieren en la logia por ser mi amigo, por no comprar su entrada a la logia con una caja de cervezas y porque al Gran Maestro no le gusto su ropa, todo lo demás son excusas y justificaciones que dicen los "dueños de la logia" para sentirse bien con ellos mismos y auto engañarse en creer que están haciendo lo correcto...

Cuán cierto es el axioma de Paco Pepe "el ser humano tiene una vocación neurológica a la mentira" y más cuando se miente a si mismo

La Enseñanza de un Espurrio

Una de las más importantes enseñanzas de la masonería que alguien me ha dado, no fue la de un miembro de una masonería regular... fue la lección que medió un masón irregular... un espurrio, como despectivamente los masones regulares se refieren a los que no pertenecen a *su* 'autoridad masónica' reconocida.

El Hermano Alberto es un miembro de la Gran Logia Mixta de Puerto Rico. En una ocasión me contó de cuando visitó la Gran Logia Soberana, el trato fue cortes y amable. Como se esperaría entre masones. Hasta que les informó que era miembro de la masonería irregular. Entre carcajadas me relataba como los hermanos de la "Soberana" cambiaron su trato hacia él. De cómo lo miraban como si tuviera la peste y tuvieran que exorcizar el templo luego que saliera del mismo.

Es interesante que sea el Hermano Alberto el espurrio, me ha dado la mejor lección masónica.

Los que hemos experimentado la masonería regular, cosmopolita, de gran ciudad en Puerto Rico, invariablemente, hemos escuchado de los beneficios de formar parte de la organización. De cómo conoceremos personas importantes, de los contactos profesionales, y de toda una serie de favores que se le pueden sacar a los masones. De igual forma en más de una ocasión escuché de posibles candidatos preguntar qué beneficios tendrían al ingresar a la masonería.

La contestación del Hermano Alberto es más que sorprendente (considerando las actitudes de los masones regulares y los candidatos a ellas)

-¿Qué gano con ser masón?

Pregunta el profano.

-Responsabilidades.

Contesta el Hermano Alberto

Gran sabiduría y de un espurrio.

Madurez Masónica (o Rosacruz o Gnóstica o Teosófica, etc.)

Freud disertó largo y tendido sobre los chistes. Le daba suma importancia a las bromas que las personas hacían. Ya que entendía que las bromas y chistes desvelaban parte del inconsciente de las personas. Ya que los chistes y bromas se convierten en una válvula de escape sin la intervención del Súper Ego o la tensión de reconocer algún trauma. Freud hasta desarrolló un marco teórico para usar los chistes en terapia.

Lo interesante es que si una broma o chiste refleja el inconsciente de quien lo dice, también refleja el inconsciente de la persona que lo escucha. Ya que, por la forma súbita del chiste, la reacción que le provoca a la persona es un reflejo de su inconsciente.

Durante la temporada electorera del 2012, un "hermano" de "alta jerarquía" hizo un chiste, muchos se molestaron y otros se ofendieron. Siguiendo a Freud, lo que los 'molestos y ofendidos' estaban haciendo era reflejar los secretos y/o los traumas que subyacen en su inconsciente. Sus "defectos psicológicos". Lo cual, idealmente, las personas tendrían que trabajar en terapia o psicoanálisis.

Lo que reveló esa 'molesta y ofendida' comunidad de "hermanos" es la falta de tolerancia y madurez del puertorriqueño... y por defecto, la que se desborda en las órdenes esotéricas y fraternales que tienen a puertorriqueños en su matrícula.

Ahora vuelve a suceder... pero no con un chiste... y no es la primera vez.

Cuando un chiste o comentario mueve a personas. Cuando oficiales de una orden esotérica y fraternal se distancian de quien hizo el chiste o comentario. Cuando se pide la cabeza por un chiste... lo que se demuestra es falta de "madurez y tolerancia". Se podrá roncar que los pensamientos murieron porque un papel se quemó. Que se eleva la conciencia un lugar de paz. Pero la realidad es que eso fue una más de una serie de rituales vacíos que nunca cumplieron algo, excepto entretener. Hacer creer que se era especial.

Por otro lado se tiene que conceder de la falta de prudencia de ese "oficial de logia". En una comunidad plagada por la falta de 'madurez y tolerancia', se tiene que ser comedido con lo que se dice y como se dice. Por innecesario que parezca, si se toma en cuenta la naturaleza de lo que las ordenes esotéricas y fraternales reclaman perseguir (y lograr en la persona).

Cuando se polarizan los "hermanos" por un chiste o un comentario, lo único que se está haciendo es trabajar fuerte para fortalecer esa falta de madurez. Cuando una manada de "hermanos" actúa "inpensantemente" lo que se está haciendo es perpetuar la intolerancia "al otro que no soy yo".

Esta es la evidencia que el experimento fracasó.

Lo que la Virtud ha Unido...

La más traumática de todas promesas rotas que experimenté en la masonería puertorriqueña fue el abandono de los hermanos que estaban en desgracia, en necesidad o que simplemente ya no le era de provecho a la masonería puertorriqueña (o simplemente a las personas que la conformaban).

Los ejemplos más fáciles serian Carlos y Miguel. Ex Venerables Maestros de Logia. De quienes luego de haber construido un edificio a para su logia, un Gran Maestro los expulsó sin darle la cortesía de escucharlos. Negándoles el debido proceso de ley masónico. Lo que llena de vergüenza a la masonería puertorriqueña es que muchos de los masones se quedaron callados. Muchos argumentaron la Defensa Núremberg (la ciega obediencia a la autoridad).

Pero en otros casos no había nada que obedecer... más allá de la pereza o mezquindad.

La historia de Eduardo fue simple. Un joven maestro masón que se unió a las fuerzas armadas de los EE.UU. Estando en el entrenamiento básico nadie le escribió. No fue hasta que la esposa llamó la atención al abandono de ese hermano que algunos le escribieron. Pero no fue de inmediato (y no fueron todos). Ya que al día de hoy conservo las cartas que me escribió diciéndome cómo había sido solo yo quien le había escrito y como estaba agradecido que alguien se acordó de él.

La historia de Ruperto es la que más me impactó... porque Ruperto murió solo. Abandonado por los que reclamaban ser sus hermanos. Luego de una larga vida de dedicarse a la masonería, al caer enfermo, ya él no le era de provecho para la masonería puertorriqueña. El momento de epifanía para mí fue cuando durante una "Clínica" de tratamiento ortopédico de los Shriners en el hospital de veteranos. Ningún masón lo fue a visitar.

Ya estaban en el hospital. Lo único que tenían que hacer era caminar unos 10 minutos de un ala del hospital a otra. La mayoría de los Shriners y los miembros de la Gran Logia iban a la "Clínica" para pavonearse. La realidad es que quienes trabajaban en la clínica eran los doctores y expertos que se traían de los EE.UU. Sólo unos pocos masones eran necesarios para complementar a los voluntarios que trabajaba los casos de los niños con problemas ortopédicos.

Al final del día fui a visitar a Ruperto. Me reconoció casi de inmediato "¡Hermano! ¡Hermano!" gritaba desde su silla de ruedas. Lo escuché hablar de cuan doloroso era estar enfermo, y solo, en ese hospital… lo acompañé durante unas horas.

Por un instante dudé si lo que Ruperto reclamaba era cierto… que nadie lo visitó ese día… y le pregunté a las enfermeras. Me informaron que nadie lo había venido a visitar.

Otro caso fue el de Adrián… los masones de su logia podían sacar el tiempo buscar el pago de las cuotas… podían ir hasta su casa a buscar donaciones. Pero nunca tenían el tiempo para visitar a su esposa mientras él estaba en misiones militares para verificar sobre su bienestar. Mientras Adrián abría su cartera él era un buen hermano. Que debía ser respetado y emulado por todos. Hasta que se convirtió en el Venerable Maestro de su logia. Y se ocupó de dirigirla hacia lo que debía ser una Logia. Meramente siguiendo los reglamentos. Tomando decisiones basadas en hechos y en las mejores prácticas… y sobre todo siendo responsable fiscalmente. Por sus esfuerzos fue llamando un tirano… y los hermanos le dieron la espalda. No todos, sólo aquellos que más se habían beneficiado de los esfuerzos de Adrián.

De Juramentos

Un juramento en un Libro Sagrado no nos hace hermanos. Son las acciones tomadas y completadas para honrar ese juramento lo que nos hace hermanos

Porque una acción que no busque honrar ese juramento… lo invalida. Hace letra muerta el juramento, tan muerto como la hermandad jurada que se pretendió establecer por decir unas palabras frente a un Ara Sagrada. El Libro Sagrado se transforma en un libro común y profano carente de valor y significado... Y el Ara Sagrada un adorno en un templo diseñado para esconder la hipocresía.

En su perversidad, son aquellos que están más prestos a tomar acciones que vulneran los principios de la hermandad; quienes invocan ese juramento para justificar sus acciones; y, los que luego invocan a ese juramento para obligar al perdón.

Eso sin mencionar los que utilizan el juramento para obtener favores y privilegios.

Para esos, justamente deberían ser declarados profanos al juramento, infiltrados en el templo, aunque tengan iniciaciones ceremonias u honores, el juramento es vacío; el libro sagrado una mera justificación; y, el ara sagrada algo para apoyarse.

Son sólo aquellos que han tomado con seriedad su juramento los que actúan para honrarlo. Es a través de sus acciones que se demuestra su interés en dar honor a un juramento de hermandad tomado en un libro que descansa en un ara sagrada… estos son los únicos que deben ser llamado hermanos.

Esos son los únicos verdaderamente relevantes en enaltecer la hermandad.

Alejandro Ortiz

Los Únicos Masones que conocí en Puerto Rico

Las Virtudes de mi Logia

Soy miembro de la Respetable Logia Montes de Sión #107 de los Valles de Ponce. A pesar de que mi vida masónica comenzó en una logia de más antigüedad, Aurora #7, es en Montes de Sión de la cual siento el orgullo de ser masón.

Tanto es así, que cuando un miembro de la logia centenaria Aurora #7 menospreció a mi logia proclamando que a "Montes de Sión le falta madurez masónica", me sentí indignado. Lo único que puedo pensar es que este "hermano" habla desde la ignorancia y no desde el sentimiento profundo de la maldad. Porque Montes de Sión tiene mucho que enseñarle a la masonería puertorriqueña.

En la historia reciente de la masonería puertorriqueña no creo que haya muchas logias donde sus hermanos, además de ser Especulativos también, sean Operativos. El actual edificio que aloja a Montes de Sión es uno que fue construido desde sus cimientos por hermanos del taller, con materiales sufragados por ellos mismos. Donde el mantenimiento de la planta física es un evento colectivo y no de una limitada comisión o un ecónomo. Es inspirador ver como hermanos de más de 80 años laboran en la construcción y mantenimiento del taller. Sin reclamar que son un "Ex Venerable Maestro" o muy viejos para evitar trabajar.

Nuestras tenidas no son una aburrida tortura de ancianos recordando los errores del pasado (o a sus enemigos de logia). No se dan vacíos, interminables e inconsecuentes discursos o la monopolización de la discusión. Son tenidas donde se permite a los hermanos relajarse, estar en fraternidad, sonreír y de vez en cuando dejar salir una carcajada. El ir a una tenida de Montes de Sión no es un acto de contrición, sino un acto de gloria fraternal.

Pero, si hay algo que le podemos enseñar a la masonería puertorriqueña es nuestro sentido de comunidad. El cual trasciende, al convertirse en uno de ser una familia. Extendiéndose más allá de las paredes del taller al incorporar a nuestros familiares, amigos y talleres en abrazo fraternal. Luego de las tenidas, los hermanos se quedan en el taller y todos los sábados siempre hay hermanos en la logia. Esto sin que haya una convocatoria oficial para esto.

Nuestros hermanos son la imagen de lo que debería ser una logia masónica. Tenemos desde retirados y desempleados hasta estudiantes, profesores y conferenciantes internacionales. Tenemos obreros de la construcción y hojalateros, al igual que contables, abogados y doctores. Pero dentro y fuera de las tenidas todos se tratan como hermanos. Donde las diferencias académicas, profesionales y sociales son imperceptibles.

Aun así, estos profesionales traen su experiencia, conocimientos y recursos profesionales a la logia. Poniéndolos al servicio de los hermanos que los necesiten. Ya que se respeta el intelecto y experiencia profana de la persona, al entender que, aunque sea un aprendiz en la masonería, no deja de ser experto en su área profesional.

También el nivel de aceptación y tolerancia a personas que son diferentes es admirable. Donde se aceptan las creencias religiosas de todos los miembros del taller. Las ideas políticas son discutidas libremente durante el ágape sin los destructivos efectos que causan las personas de poca tolerancia. Además, nuestro sistema de resolución de conflictos es inigualable en su efectividad.

Nuestro taller tiene a un Ilustre Hermano grado 33 como miembro de la Comisión de Instrucción Masónica. Montes de Sión imparte instrucción masónica diligentemente cada mes. Utilizando los avances en la tecnología y renovando el conocimiento para elevar la calidad de esta. Pero no es sólo dar instrucción, es el preparar a las nuevas generaciones de hermanos para que ellos impartan instrucción de calidad. Por otra parte, los miembros más antiguos de nuestra logia nos corrigen constantemente nuestros errores de la manera masónica, en voz baja y al oído, sin la humillación o mofa ante los errores.

Además, tenemos a un Venerable Hermano que lleva más de 60 años ininterrumpidos de vida masónica, miembro fundador de nuestro taller quien continúa siendo nuestro tesorero. A quien no se le pierde ni un centavo, cobra las deudas de la manera más efectiva posible.

Montes de Sión celebra sus 50 años de vida masónica en el 2011. En menos de 50 años ya hemos tenido dignatarios de la Gran Logia; miembros sostenedores de la clínica de los Altos Cuerpos; autores de libros de temas masónicos, publicaciones en la Acacia; miembros que dictan charlas en otras jurisdicciones; líderes en los Shriners, Altos Cuerpos y Estrellas de Oriente; y, miembros del Arco Real y de la Sociedad de Investigación del Rito Escoses. Además de múltiples miembros que llevan nuestros saludos fraternales a otras jurisdicciones del mundo.

Para muchos 50 años es nada, es cuando se comienza a vivir la segunda juventud. Sin embargo, que una institución continúe funcionando, se mantenga estable, creciendo y cosechando logros es más que un logro, es un ejemplo que emular.

¿Qué a Montes de Sión le falta madurez masónica? Montes de Sión es el modelo de éxito que muchas logias deberían emular en lo que es una verdadera logia de hermanos masones...

Quién Subirá al Monte de Sión

La Respetable Logia Montes de Sión #107 de los Valles de
Ponce tiene una costumbre muy particular a ella. Esta es una de las
pocas, si no la única, logia de la jurisdicción puertorriqueña que
comienza sus trabajos con un Himno a la Gloria del GADU.

En muchas de las instituciones religiosas podemos apreciar el
uso de la música como un medio de adoración. Bach, Fauré… y
otros grandes compositores de la historia han creado la más sublime
música para ser realizada en el contexto de iglesias y templos. Pero
las melodías de adoración se pueden apreciar en la recitación rítmica
del Gaayatri vedantico o el Ayatul Kursi musulmán o los canticos de
los nativos americanos.

Por nuestra condición socio geográfico hemos sido expuestos a
las tradiciones y practicas cristianas. Donde ha sido la práctica el
musicalizar secciones de la Biblia, o inspirarse en ellas, para ser
usadas en los ritos de adoración. Esta práctica le ha dado especial
atención a los Salmos.

Algo natural, si consideramos que los Salmos son una colección
de aproximadamente 150 canticos religiosos israelitas. Cuya autoría
es tradicionalmente atribuida a David. En el islam estos son
llamados Zabur (una canción o melodía) y son descritos en el islam
como "dados" a David. Los salmos se dividen en 5 colecciones (y
estas a su vez se subdividen). Por ejemplo, del 120-135 los salmos
son agrupados bajo el título de Canticos de Ascensión o Canticos de
Peregrinos.

Para el masón el Salmo 133 es de gran importancia. Para los profanos el Salmo 23 es uno de los más conocidos. Pero, ¿Cuántos sabrán que es lo que dice el Salmo 22 o el 24?

Para los miembros de la Respetable Logia Montes de Sión #107 el Salmo 24 es de suma importancia. Este ha sido elegido el himno del Taller. El Salmo 24 se divide en 3 secciones: Se canta a la Gloria de Dios, se describe al verdadero devoto y se presenta al verdadero redentor. Donde describe a todo los que comparten la rectitud de vida y buscan de Dios con corazón sincero entrarán en pos de Dios y compartirán la felicidad eterna.

El VH Carlos Cruz nos ha dicho que la idea de hacer un himno antes de la tenida surge como forma de agradecimiento al Gran Arquitecto del Universo. Agradecimiento porque los miembros del taller tuvieron que luchar mucho por levantar la Respetable Logia Montes de Sión #107.

El taller canta del Salmo 24 antes de comenzar sus tenidas como remembranza de los sacrificios que otros hermanos hicieron para poder establecer y mantener dicho taller. Además, como un ideal del tipo de persona que se aspira y se espera que los hermanos del taller sean.

Lo que se canta en la Respetable Logia Montes de Sión #107 son los versículos 3 y 4 del Salmo 24:

Jehová, quién subirá a los Montes de Sión
Jehová, quién llegará al lugar de santidad
El limpio de manos

De corazón puro

Que no es vanidoso

No sabe engañar

Jehová, Jehová.

Montes de Sión: Ejemplo de unión fraternal

La Respetable Logia Montes de Sión #107 de los Valles de Ponce es una logia que tiene mucho que enseñar a la masonería puertorriqueña… o mejor dicho, los masones puertorriqueños tienen mucho que aprender este taller. No porque Montes de Sión #107 sea superior a otros talleres… sino por cómo ha enfrentado las crisis que lo ha aquejado sin perder la visión más importante de la masonería universal… el amor fraternal.

Los hijos de Montes de Sión #107 continúan trabajando por sus hermanos…

Cuando un hermano partió a otras tierras para lograr sus metas académicas… los hermanos del taller lo ayudaron a diferentes niveles.

Cuando el padre de un miembro de Montes de Sión partió al oriente eterno, Montes de Sión #107 estuvo presente. Nuestro compromiso es con nuestro Venerable Hermano, por lo cual tenemos que cumplir con nuestro deber... honrar al que también es nuestro padre. De igual manera sucedió cuando la madre de uno de nuestros aprendices pasó por la gran transición… allí estuvimos prestos a dar apoyo. Cumpliendo con el deber que libremente aceptamos al convertirnos en masones. Honrar a la que también es nuestra madre.

Los hermanos de Montes de Sión #107 continúan trabajando en pro del taller. Se ha asegurado nuevo mobiliario para continuar mejorando el templo del taller. Han hecho las gestiones para cumplir con las responsabilidades fiduciarias que implican mantener un edificio. Atormentándose por 'quien' ha de realizar el mantenimiento de este.

Cuando los derechos masónicos de unos hermanos fueron violentados. Los hermanos hicieron todo lo posible por, dentro del marco de la ley masónica, restablecer la justicia. Cuando la situación se tornó insostenible, actuaron en solidaridad con esos hermanos y los acompañaron en la exclusión. Ya que con su presencia lo único que harían era validar la injusticia.

Montes de Sión #107 continúa siendo un ejemplo para la masonería puertorriqueña de lo que es el amor fraternal… de lo que es un compromiso con los ideales de fraternidad… y de la unión que surge de hermanos que nacieron de madres y padres diferentes.

El que diga lo contrario nunca ha visitado, nunca ha escuchado a estos hermanos y no conoce a la Respetable Logia Montes de Sión #107 de los Valles de Ponce…

Por sus Obras los Conoceréis

Hay una serie de hermanos en la Respetable Logia Montes de Sión #107 que ya son más que hermanos, son instituciones en la logia. Carlos Cruz, Toño Ramos, Carlos Moreno, Miguel Carballo, Carlos González Degró...

Cualquier logia debe sentirse orgullosa de tener hermanos de esta calidad. Cualquier Gran Logia debe sentirse privilegiada de tener hermanos como estos. El que diga lo contrario es un mentiroso, le han mentido o simplemente no se ha dado el tiempo de conocer a estos hermanos.

Alejandro Ortiz

Carlos González Degró

El VH Carlos González Degró comenzó su carrera masónica en la República Dominica. Desde un principio demostró su carácter fraternal. Ya que siendo un estudiante de medicina realizó una broma con otros compañeros. Cuando ellos fueron atrapados, él tuvo oportunidad de escapar de esa situación. Sin embargo, decidió no esconderse y asumir la responsabilidad con sus compinches.

Regresando a Puerto Rico se integra a la RL Montes de Sión #107 y nunca ha dejado de ser una parte importante de esta. Ha ocupado diversos puestos en el taller y ha sido varias veces su Venerable Maestro.

Aplicando su profesión en lograr la resolución de conflictos entre hermanos. Siempre tendiendo la mano conciliadora para lograr la harmonía entre hermanos. Buscando siempre hacer la paz entre los hermanos en conflicto. Y cuando no funciona asume la responsabilidad por actos que no son su culpa… todo en beneficio del taller.

Carlos González Degró no sólo ha invertido parte de su fortuna material en mantener la logia y ayudar a los hermanos. Él logra que aquellos que tenemos la fortuna de tener una condición económica estable contribuyamos en la logia, a nuestros hermanos y a los proyectos de beneficencia de la masonería.

En los últimos tres años de su veneratura Carlos González Degró logró la joya de su corona. Estableciendo una logia fuerte lista para la celebración de su 50 aniversario. Dejando una logia con 12 nuevos maestros masones, 18 compañeros masones y otros tantos aprendices. Las arcas de la logia estando saludables y un templo completado.

Lo más importantes es que el liderato de Carlos González Degró logró crear un sentido de familia entre los hermanos de Montes de Sión que trasciende una tenida o un edificio.

Cualquier logia debe sentirse orgullosa de tener un hermano de la calidad de Carlos González Degró. Cualquier Gran Logia debe sentirse privilegiada de tener a un hermano como Carlos González Degró. El que diga lo contrario es un mentiroso, le han mentido o simplemente no se ha dado el tiempo de conocer a este hermano.

Miguel Caraballo

Para los encopetados burgueses y pseudo aristócratas masónicos… Miguel Caraballo no es el tipo de persona que debería ser un masón. Miguel Caraballo no es la persona más intelectual, ni el más elocuente al momento del Bien General de la Orden. Él es la persona que trabaja físicamente para lograr el sustento de su familia. Quien construye con sus manos algo real y no una idea intangible.

Es esa profesión de albañil y constructor el elemento que lo ha hecho uno de los hermanos cardinales de Montes de Sión #107. Lo que le hubiera costado docenas de miles de dólares, gracias a su conocimiento, ha costado muchísimo menos. Ya que ha sido el conocimiento de las artes de la construcción lo que nos ha permitido tener un edificio para alojar nuestra logia.

Durante muchos fines de semana, Miguel Caraballo trabajó y dirigió los trabajos de los hermanos en la construcción del edificio.

Pero su trabajo no terminó con la colocación de la última piedra. Miguel Caraballo continúa activamente contribuyendo al mantenimiento del edificio. Aplicando su conocimiento en cuál es el mejor curso de acción en el mantenimiento y restauración de este. También participa de las tenidas regulares y toma posiciones en los asuntos de la logia brindando su experiencia como Ex Venerable Maestro.

Él es uno de los masones cuya casa siempre está abierta para todos sus hermanos. Donde no importa la hora podemos visitarlo y ser partícipes de su hospitalidad. Donde su esposa siempre esta presta darle un plato de comida a todo el que visita su hogar.

Cualquier logia debe sentirse orgullosa de tener un hermano de la calidad de Miguel Caraballo. Cualquier Gran Logia debe sentirse privilegiada de tener a un hermano como Miguel Caraballo. El que diga lo contrario es un mentiroso, le han mentido o simplemente no se ha dado el tiempo de conocer a este hermano.

Carlos Cruz

El Venerable Hermano Carlos Federico Cruz Vega tiene más de 60 años de vida masónica. Uno de los pocos hermanos de la jurisdicción de Puerto Rico que ha logrado esta hazaña… y continúa siendo un miembro activo de su logia.

Muchas veces Carlos Cruz nos ha dicho que tiene dos actividades que son sagradas, la iglesia y la logia.

Lo conocí en mi antigua logia. Allí este anciano, pequeño, de apariencia frágil, se sentaba tranquilo y daba los saludos fraternales. Nunca entraba en polémicas y parecía inmutable con las frecuentes garatas que se formaban. Fue Carlos Cruz quien me invitó a ser parte de Montes de Sión. Cuando le pregunté, en mi frustración por la decadencia en mi antigua logia, 'si se tenía que odiar para ser un buen masón', con ojos tristes me contestó con una invitación a transferirme a su logia.

Siempre con aplomo en su forma de actuar… cuando Carlos Cruz habla todos escuchamos…

Más que hablar, él trabaja por la logia. A pesar de su edad y exaltada posición en la logia, continúa laborando como el tesorero de Montes de Sión. Se encarga de pagar nuestras cuentas, dando al Cesar lo que es del Cesar y a la Gran Logia lo que ella demanda. Carlos Cruz ni siquiera le tiene miedo de coger una escoba y limpiar la logia.

Pero ha sido su más reciente acto de amor por la logia lo que nos debe conmover aún más… Tomando de sus ahorros y pensión este hermano ha pagado los gastos del mantenimiento de la logia.

Mientras otros se regocijan en la crisis, Carlos Cruz se preocupa y se ocupa. Esto sin hacer alarde de ello. Sin publicarlo o buscar gloria… por demás está decir que nadie ha radicado una resolución para reconocer a un hermano de la calidad de Carlos Cruz…

Cualquier logia debe sentirse orgullosa de tener un hermano de la calidad de Carlos Cruz. Cualquier Gran Logia debe sentirse privilegiada de tener a un hermano como Carlos Cruz. El que diga lo contrario es un mentiroso, le han mentido o simplemente no se ha dado el tiempo de conocer a este hermano.

William Ríos

En la actualidad, a los masones se les enseña que luego de llegar al sublime grado de Maestro Masón, el más alto honor es dirigir su logia. En un sistema donde se condiciona al hermano aspirar a la silla del Venerable Maestro, William Ríos logró aplicar las verdaderas enseñanzas de la masonería y poner a su logia y a la masonería primero.

Ya que William Ríos logró superar ese condicionamiento y tomó la decisión más sensata que cualquier persona podía tomar, pero pocos lo hacen: rechazó la oportunidad de ser Venerable Maestro.

Cuando a William Ríos se le ofreció por primera vez la oportunidad al Trono de Oriente, éste la rechazó. Él tuvo el sentido común de evaluase y saber que no podría cumplir con la responsabilidad del ser un Venerable Maestro. El esperó años antes de aceptar tan digna posición. La cual desempeñó de manera admirable.

William Ríos nos da otra enseñanza. William Ríos se había alejado de los trabajos ordinarios del taller. Sin embargo, su sentido del deber fue tal que cuando la logia lo llamó para ayudar en una crisis se prestó a la labor. A pesar de ser esto una gran carga a su vida familiar y laborar.

Realizando la tarea asignada de la forma más masónica posible. Rigiéndose por los cánones masónicos que lo hicieron ser un buen Maestro Mason y un mejor Ex Venerable Maestro.

Cualquier logia debe sentirse orgullosa de tener un hermano de la calidad de William Ríos. Cualquier Gran Logia debe sentirse privilegiada de tener a un hermano como William Ríos. El que diga lo contrario es un mentiroso, le han mentido o simplemente no se ha dado el tiempo de conocer a este hermano.

Ex Venerables Maestros

Los Ex Venerables Maestros de Montes de Sión #107 son un ejemplo para los nuevos maestros masones y un alto estándar a alcanzar por los nuevos Venerables Maestros. Podríamos decir que desde los finales de la década de los 1990 no se ha desarrollado una estirpe de Venerable Maestro que pueda superar a los Ex Venerables Maestros que en el pasado Montes de Sión #107 desarrolló.

Quienes no dejaron de trabajar o se dejaron 'remojando' en la gloria por haber sido revestidos con el purpura. Evidencia de esto lo fue su movilización cuando un hermano cayó en desgracia.

Luego de un temporal el VH Toño Ramos tuvo daños significativos en su hogar. Bajo el liderato del VH Carlos González Degró los Ex Venerable Maestros se movilizaron para auxiliarlo. Más significativo fue que el VH Toño Ramos no pidió la ayuda. Fue la iniciativa del VH Carlos Gonzales Degró, con el apoyo de todos los Ex Maestros, que se comenzó el proceso para ayudar a un hermano en necesidad.

Siendo su taller de trabajo el que más daños recibió (Toño Ramos se desempeñó en Hojalatería y Pintura) la adquisición de materiales se concentró en arreglar el 'ranchón'. Utilizando las conexiones profesionales los Venerable Hermanos lograron adquirir los materiales para reparar el ranchón y la casa del VH Toño Ramos.

El VH Miguel Caraballo utilizó su vasta experiencia en construcción para servir de maestro de obra. Dirigiendo los trabajos de construcción y en más de una ocasión tomando la 'pala y el martillo' para realizar la labor. Los demás Venerable Hermanos seguían sus instrucciones y participaban dentro de sus capacidades físicas.

El sistema eléctrico del ranchón fue instalado por un hermano ingeniero, quien se desempañaba en el AEE, el VH William Ríos. Es meritorio destacar la calidad del VH William Ríos. Ya que en la época actual de hambre por títulos y poder, las acciones del VH William son poco comunes.

Los Venerables Hermanos, como el VH Carlos Moreno, que no podían realizar ardua labor física se dedicaron a ayudar con la limpieza de la casa del VH Toño Ramos. Otros contribuían en traer alimento a los trabajadores. Todos colaboraron dentro de los límites de sus recursos y habilidades.

La sumatoria final es que en ayudar a un hermano en necesidad y mejorar su calidad de vida. Le dieron una casa limpia y recogida, y un 'ranchón' mejor del que el temporal se llevó (el cual todavía está en pie a más de una década de su construcción).

A muchos se les ha olvidado esta historia… y otras tantas de sacrificio y contribuciones significativas a la RL Montes de Sión #107 y a la masonería puertorriqueña de hermanos como Carlos González Degró, Miguel Caraballo, William Ríos, Ruperto Negrón y otros tantos…

Cualquier logia debe sentirse orgullosa de tener una camarilla hermanos de la calidad de los Ex Venerables de la RL Montes de Sión #107. Cualquier Gran Logia debe sentirse privilegiada de tener hermanos como estos. El que diga lo contrario es un mentiroso, le han mentido o simplemente no se ha dado el tiempo de conocer a estos hermanos.

Adrián Flores

Son sólo unas sillas… Fueron unas meras sillas usadas, el mejor ejemplo de lo que es toda una visión de hermandad, servicio y dedicación a un ideal, llevado a la acción.

El teniente coronel Adrián Flores es uno de los mejores ejemplos de lo que es ser un masón (aunque no se miembro de Montes de Sión). El asunto es que muchos no lo reconocen como tal. Por el contrario, recienten su presencia en la masonería. Porque Adrián Flores ha levantado la barra de la excelencia masónica. Lo cual molesta a muchos, porque nunca podrán llegar a ella.

Como Venerable Maestro, Adrián Flores le dio a la logia trabajo, tiempo y dinero, le brindó liderato. No sólo sacrificó el tiempo con su familia, sino que trajo a su familia a la logia para que lo ayudaran con el trabajo que él tenía que hacer en ella. Como hermano masón, veló por la justicia y la equidad en la logia. Como oficial de la logia luchó por la sana administración.

Por sus esfuerzos fue tildado de 'dictador'. Es más que obvio, para los indisciplinados civiles la disciplina que lleva al éxito es muy foránea. Pero fueron sus acciones lo que le permitió a su logia madre moverse del marasmo y progresar. Los que heredaron la logia se paran sobre los cimientos que Adrián Flores construyó y siguen los planos que él les mostró.

En su contribución más reciente a los ideales de la masonería y a su comunidad, él ha impactado directamente a una logia y una iglesia e indirectamente a 2 logias. La decisión de una sola persona ha logrado impactar positivamente las vidas de sobre 200 personas. Todas gracias a que Adrián Flores logró la donación de unas sillas.

Ese debería ser el espíritu de los masones en Puerto Rico. El de traer a la institución, de hacer a nuestras comunidades y organizaciones mejores. Eso requiere trabajo y esfuerzo. Tener liderato y una visión clara de lo que se quiere. Siempre hacer el mayor bien al mayor número de personas independiente de la pertenecía a un club.

Ese es el carácter del Venerable Hermano Adrián Flores...

Cualquier logia debe sentirse orgullosa de tener un hermano de la calidad de Adrián Flores. Cualquier Gran Logia debe sentirse privilegiada de tener a un hermano como Adrián Flores. El que diga lo contrario es un mentiroso, le han mentido o simplemente no se ha dado el tiempo de conocer a este hermano.

Ejemplos de la Verdadera Masonería

"Antes de llegar al círculo más oscuro del infierno, en ese lugar donde todos los traidores son castigados por sus innobles acciones, allí están los mal agradecidos… allí moran la mayoría de los masones que conocí, y algún día llamé, hermano"
Cita de la novela *La Gran Logia Infernal*

Los mejores ejemplos de vivir como un cristiano me lo dio un budista. Los mejores ejemplos de lo que no debería ser un cristiano me los han dado los que se golpean el pecho de ser los más cristianos.

De igual forma, el mejor ejemplo de ser masón me lo han dado dos personas que no son masones. Más aun estas personas, luego de haberle dado más de 25 años a la masonería puertorriqueña, de haber sido Venerables Maestros, ya no son masones.

Sin un debido proceso de ley masónica,
Sin saber de qué se le acusaba o quien los acusaba,
Negándole la simple decencia de escucharlos,
Fueron expulsados de la masonería.

Sin embargo, el Dr. Carlos Gonzales Degró y Miguel Caraballo Pietri son los mejores ejemplos de lo que debería ser un masón. Porque a pesar de que ellos han sido maltratados por unos ingratos masones, ellos siguen amando la masonería, y más importante, trabajando por su logia y protegiéndola de las acciones de los insensatos que la dirigen.

Por demás esta recalcar el hecho que sin su liderato, esfuerzo y trabajo, Montes de Sión #107 no existiría. No tendría su edificio, ni los fondos que tienen (que a pesar de la mala administración de otros) aún le quedan. Sin embargo, las deudas que tiene la masonería con estas dos personas no son reconocidas por los malagradecidos masones puertorriqueños. En pocas ocasiones se les escucha a los masones, ni siquiera sugerir que esas 2 personas son el ejemplo de los masones debe ser.

Mientras los detractores del Dr. Carlos Gonzales Degró y Miguel Caraballo Pietri se han retirado de la masonería y ya no contribuyen a ella (ni siquiera con cuotas de membresía), ellos continúan deseosos de seguir contribuyendo a la masonería. Por participar de ella y contribuir a su crecimiento.

Si por sus obras los conoceréis, sus acciones más que lo evidencian.

Desde el injusto exilio, estos han continuado de manera activa, alentado a los miembros de Montes de Sión a continuar participando de sus tenidas y actividades. Alentándolos a no sólo ir o ser meros participantes, si no a tomar activa participación de la masonería. Hasta han invertido de tu tiempo libre para ir a limpiar y dar mantenimiento a su logia. A la logia en la cual no se le permite entrar a trabajar como masones.

Dónde están sus detractores… donde estas sus acusadores. Con escobas y mapos no están. Con martillo y palas no están. En la Logia Montes de Sión no están. En la masonería puertorriqueña no están.

El Dr. Carlos Gonzales Degró y Miguel Caraballo Pietri son el ejemplo que todo masón debería emular al idealizar lo que debería ser un masón. La masonería puertorriqueña debería sentirse orgullosa… privilegiada de tener a personas como estos dos paladines en sus rangos…

Cualquier logia debe sentirse orgullosa de tener a hermanos de la calidad del Dr. Carlos Gonzales Degró y Miguel Caraballo Pietri. Cualquier Gran Logia debe sentirse privilegiada de tener a unos hermanos como el Dr. Carlos Gonzales Degró y Miguel Caraballo Pietri. El que diga lo contrario es un mentiroso, le han mentido o simplemente no se ha dado el tiempo de conocer a este hermano.

Nota editorial: Desde que se redactó al momento de publicación las personas aquí mencionadas han sido restauradas a sus posiciones en la masonería puertorriqueña y el Dr. Carlos González Degró ha sido reelegido como Venerable Maestro de su logia.

Sin embargo, el daño causado por la indebida intervención de otras logias y altos dignatarios de la masonería puertorriqueña en los asuntos internos de una logia perdurará por décadas.

Un Cambio de Perspectiva

Alejandro Ortiz

Instrucciones Místicas

Luego de una gran jornada masónica, donde realizamos una gran tenida de Honores Fúnebres, un hermano aprendiz se acercó para discutir los aspectos místicos de lo que habíamos realizado (la Tenida Fúnebre que realizamos era la estipulada en el libro Rituales Masónicos). Los cuales discutí someramente. Ese Aprendiz Masón aún no ha podido demostrar que puede realizar su "saludo" correctamente o conocer el ritual de primer grado a cabalidad, ¿Por qué he de discutir con las especulaciones de una masonería místico/esotérica?

Antes de Manly P. Hall o Albert Pike, antes de traer por los pelos a la teosofía, rosacrucismo, gnosticismo, etc., a la masonería puertorriqueña, tenemos que saber que es la masonería puertorriqueña. Y más que saber de ella es poder dominar todos los conceptos y tradiciones que hacen de la masonería que practicamos una masonería puertorriqueña.

He visitado logias que están obsesionadas con la parte mística de la masonería. Sin embargo, no saben cómo pararse "justos, perfectos y regulares", ni dirigirse correctamente "en la logia". No saben cuáles son las reglas que gobiernan una Tenida Regular. Antes de hablar de misticismo masónico tenemos que dominar cuales son los Usos y Costumbre de nuestra jurisdicción. Tenemos que saber nuestra historia y los reglamentos que nos rigen.

La instrucción masónica se debe centrar en educar en que es ser un masón puertorriqueño. Se debe centrar en ilustrar los Usos y

Costumbres. En educar sobre nuestros rituales, sobre las leyes y estatutos que nos gobiernan como masón en Puerto Rico. Nuestra historia masónica y la historia profana que impacta nuestra institución.

Dominen eso, y entonces comiencen a hablar de chacras y energías, rituales luciferinos, cábala, etc.

Olvídense de instrucciones místico-esotéricas, esas instrucciones sólo alimentan las psicosis de desajustados mentales o emocionales. Olvídense de los misterios secretos de la masonería, que al final del día son meras masturbaciones mentales. Que sólo sirven para entretener a los perturbados de espíritu que están buscando en la masonería un sustituto a su religión o a su espiritualidad.

Luego de dominar lo que es ser un masón en Puerto Rico pueden comenzar a teorizar sobre los aspectos místico esotérico de la masonería. Sobre todas esas especulaciones estériles que no nos hacen un mejor masón. La enseñanza de ética, moral y valores sí hacen a un mejor masón. Primero se tiene que gatear antes de caminar o poder volar.

Las Sectas que nos Invaden

Ingresé a la masonería en busca de hermandad, de un grupo mediante el cual integrarme a la sociedad y en el cual (como se nos enseña en Corintios) ejercerme como un adulto después de dejar los asuntos de niños atrás. No puedo renegar que también medió en mi decisión cierta curiosidad por la institución que ha contado entre sus miembros de tantos ilustres personajes de la historia.

No me uní a la masonería en busca de experiencias místicas, conocimiento ocultista o un sustituto a una religión. Como dijo Lon Milo Duquette: se siente bien… no importa que la mayoría de los miembros más viejos (de la logia) no les importe los Misterios Elíseos o la magia de los babilonios, egipcios o árabes, o la cábala, o la alquimia… o que contestaran a mis preguntas con 'eso significa nada'…

A mí me agradó esa masonería como el 'club social' y filantrópica… De esta masonería he podido experimental el amor fraternal (elemento *sine qua non*) en todos los viajes que he dado al extranjero...

Hace unos meses regresé a Puerto Rico luego de estar viajando unos años por EE.UU. y Latinoamérica experimentando la masonería a un nivel global. Al integrarme de nuevo a los trabajos de la masonería puertorriqueña he podido notar esta tendencia a imponer una visión de una masonería místico-esotérica o cuasi religiosa en las logias. La cual no existía cuando salí del país hace 4 años.

La masonería mística o esotérica es un hecho en algunas jurisdicciones. He tenido la oportunidad de participar en tenidas de masones que se dedican al estudio serio, académico y profesional de las tendencias místico-esotéricas en la masonería. Pero esto se ha hecho en los confines de logias dedicadas a estos fines (además, para algo existen los Altos Cuerpos y el Arco Real). Donde a los masones que le interesan estos temas van a esas logias y cuerpos para-masónicos.

Esto es algo completamente voluntario y no hay estigma asociado a los que no nos interesa ese tipo de masonería.

Es importe que tengamos en cuenta que tan fundamentalista es el que quiere imponer su religión (e.i. cristianismo) en la logia como fe oficial de la masonería... como el masón que insiste en imponer una visión místico-esotérica de la masonería. Ambos están errados en sus pensamientos y acciones (independiente de sus intenciones).

Lo más que me preocupa de este movimiento dentro de la masonería puertorriqueña es la *dogmatización* y fanatismo que tienen estos "hermanos" dedicados a lo místico-esotérico. Donde exhiben unas tendencias mal adaptativas dignas de sectas y cultos.

Tenemos que aprender de los errores del pasado. Adam Weishaupt utilizó a los masones como trampolín para sus maquinaciones místico-políticas... Aleister Crowley utilizó una organización de origen masónico para fomentar su religión... el Caso de Morgan y la Logia P2 trajeron mala reputación a la masonería...

Tenemos que tener mucho cuidado de las sectas que nos invaden... de los psicóticos pseudo gurús que se acercan a las logias en busca de seguidores… de aquellos grupos 'selectos' de 'escogidos' por hermanos auto proclamados como 'iluminados' que surgen dentro de la masonería… y de las enseñanzas foráneas que se permiten (y son avaladas por los lideres) en la masonería puertorriqueña…

De Títulos

Las órdenes esotéricas y fraternales tienden a inculcar en sus miembros que los títulos y honores que se confieren en ellas son más importantes y honrosos que los títulos que se confieren fuera de las mismas. Inclusive, esta tendencia termina en menospreciar los títulos y honores que se obtengan en otras órdenes esotéricas y fraternales. Siempre buscando inculcar la supremacía de esa orden esotérica y fraternal sobre cualquier otro grupo o institución.

En el peor de los casos, el fenómeno de minimizar los títulos y honores de otros grupos o instituciones termina por tratar de quitar valor a los verdaderos títulos y honores que representan la excelencia en el quehacer humano. Así, no es de sorprender que en muchas de estas órdenes esotéricas y fraternales se escuche decir: *el abogaducho ese* o *el doctorcillo aquel*. Añadiéndole, que en muchas ocasiones se *demoniza* al que ostente estos títulos y honores (prueba de una real "Alta Jerarquía" en el mundo real) como persona orgullosa o arrogante.

Los que dicen que los títulos y honores dentro de su orden son más importantes que los del mundo profano, son lo que no tienen esos títulos y honores. Muy probablemente nunca los tendrán. Estos carecen del valor de perseguir y/o las habilidades para poder ganárselos. Como reacción invocan una falsa "igualdad" entre hermanos para proscribir títulos y honores que no son de ellos. Quienes predican esa "igualdad" son los que menos han logrado en sus vidas.

Cuántos de ellos han experimentado la emoción cuando se dice por primera vez: Les presento al Doctor Santiago. Cuántos de ellos han pasado por emisión de escuchar: Levántese y sea reconocido como el Conde Santiago. La perversa verdad es que muy pocos, y tal vez ninguno.

Esa debe ser la principal razón por la cual condenan los "Títulos Profanos" con tanta vehemencia: porque nunca podrán obtener esos títulos y honores. Nunca lograron el verdadero éxito en el mundo real donde las competencias, conocimientos y habilidades son puestos a prueba. Es más fácil *enfuscarse* en condenar esos títulos y honores que esforzarse en ganarlos. Prefieren minimizar lo que no tienen.

Es preferible, es más fácil, crear otros títulos y honores. Luego decir que son de mayor importancia. A la vez que esos quienes no pasarían el crisol de una verdadera prueba, controlan el acceso a los títulos y honores que ellos han se han inventado.

Ellos se han apropiado del poder, se han creado ellos mismo personas dignas. Ahora ellos son los que dicen quienes son las personas dignas de ser parte de su orden esotérica y fraternal. En sus psicóticas fantasías dicen cuáles son los títulos y honores importantes o no... generalmente el que ellos mismos se han conferido y le niegan a los que no le den pleitesía.

Organizaciones Fraternales en Puerto Rico: Exclusión de grupos indeseables

Las tendencias actuales de las organizaciones fraternales en Puerto Rico van hacia la exclusión. Tendencias que se fundamentan, no en el carácter o habilidades de la persona, sino en la capacidad adquisitiva que esta pueda traer a la organización. La pregunta en estos momentos que se le hace al candidato es, ¿Cuánto puedes contribuir a la organización?

Esto se le pregunta no desde una postura holística o integral, en la cual cada uno pueda aportar sus habilidades o recursos a la organización, si no cuanta capacidad económica pueda traer a la organización. Esta política de admisión de las entidades fraternales limita la entrada a personas que:

1. Puedan pagar una cuota de admisión.
2. Quienes mantendrán su membresía según su capacidad de pagar cuotas (además de las periódicas alzas en las mismas).
3. Su avance se limita a su capacidad económica.

De esta forma se utiliza la capacidad económica como un mecanismo de exclusión. Donde los mecanismos de exclusión son aquellos que se establecen, de manera activa o pasiva, para mantener a un grupo específico fuera de la organización. Aunque vivamos en un país democrático donde el discrimen no es aceptable, si los mecanismos de exclusión son manejados sabiamente, a esas personas que se han etiquetado como 'indeseables' se les puede mantener fuera de la institución. Que puede ser más indeseable en Puerto Rico que ser pobre.

Es un axioma, por más que se niegue, Puerto Rico es un país pobre. El que quiera refutar este axioma, tiene que presentar la data pertinente, confiable y corroborable para probar lo contrario. Más aun, Puerto Rico es un país en recesión económica, con claros marcadores de países económicamente tercermundistas, y con todas las situaciones que esto implica. Además de tener un gobierno de tendencias neoliberales, derechistas, con intensiones privatizadoras y desreguladoras que harían a muy orgulloso a Milton Friedman (como lo estuvo de Reagan, Thatcher y Pinochet).

No se puede olvidar que Puerto Rico tiene una larga historia del menosprecio por el pobre. Donde se criminaliza la pobreza, se estigmatiza la pobreza, y se crean los mecanismos para perpetuarla. Además de la marginalización del grupo racial que conforma la mayoría de los pobres… los de la raza negra, el afrocaribeño.

Altas cuotas de membresía sirven de *disuadentes* para que los pobres no se acerquen y persigan membresía en las organizaciones fraternales. Altas cuotas (o la mera percepción), como mecanismo de exclusión, tienen un efecto: es que se internaliza el estigma de ser pobre y negro, entonces la persona se auto excluye por creer no tener las cualidades necesarias para pertenecer a un grupo fraternal.

Más aun, las organizaciones fraternales no tienen los mecanismos (o voluntad) para asimilar a las personas pobres en sus filas. No se presentan mecanismos de trabajo por membresía o algún otro mecanismo que les permita pertenecer basado en los méritos de su carácter y habilidades. Entonces las entidades fraternales se construyen en la actualidad en un club socioeconómico, en una clica, en el cual sólo aquellos que tienen la capacidad para poder pagar unas cuotas pueden pertenecer.

Existe una frase que refleja la psiquis clasista que se está desarrollando (o tal vez siempre estuvo) en las entidades fraternales en Puerto Rico. La frase de 'aquí se viene a dar no a recibir'. El cual es un estribillo demagógico diseñado, por un lado, para licitar un sentido de culpa en la persona. Donde esta frase se convierte en una declaración de propósito que si no puedes venir a traer bienes materiales entonces no puedes pertenecer.

Por otro lado, es el establecimiento de una mentalidad de superioridad, porque la frase concluye con un 'se viene a dar'. Lo cual comienza a construir una ideación de quien pertenece es mejor que los que no pertenecen. Así el dar es un elemento de la caridad de una persona superior a una persona inferior inmerecida de ser parte de la organización.

Un tercer factor que nos refleja esta frase es en la exclusividad, donde "yo soy mejor que tu" porque puedo pagar unas cuotas. Si entendemos que el altruismo no existe, el que viene a dar lo que busca es una gratificación a su ego, o el aplacar de una consciencia culpable. Por creerse mejor que las personas que vienen a recibir.

Así que, "cuan magnánimo soy que puedo ayudar a estos pobres diablos negros que no tienen lo que tengo yo", es la verdadera intención del venir a dar y no recibir.

Es triste de cómo las fraternidades y hermandades que, según sus estribillos, intentan agrupar a los mejores elementos de nuestra sociedad terminan siendo grupos de exclusión. Donde según dichos estribillos pretenden mejorar la comunidad y sociedad en general donde se enclavan sus organizaciones, hayan caído en la trampa de la avaricia por el dinero. Por un lado, ayudan desde la arrogancia del opulento, no de la humildad del que desea ayudar. Por otro lado, ya no importa cuán recta, honrada o trabajadora sea la persona, esta no ha de pertenecer a dicha organización porque esta es una exclusiva para los que puedan pagar una cuota... Sin importa de donde venga el dinero.

Benedicto: Un Ejemplo

Es casi un validado estereotipo que en las órdenes esotéricas y fraternales (y otros cultos, pueden ser cristianos o no) se visualiza a la iglesia católica como el más grade de los enemigos; y al Papa como la personificación de la maldad. Esta visión puede ser evidente o puede ser solapada. Todo está en el nivel de osadía de los líderes y los miembros.

Sin embargo, el Papa Benedicto XVI le ha dado una lección de lo que es la responsabilidad y amor a la institución y lealtad a los ideales. Enseñanza que está muy carente en esas instituciones esotéricas y fraternales de la actualidad.

En 11 de febrero de 2013 el Papa Benedicto XVI anunció su renuncia a la posición (que sin ejércitos armados o mecanismos de cohesión económica) es la de mayor poder en el mundo. Más aun, él tuvo el tiempo para reconsiderar su decisión. Lo cual se complica si ponemos en perspectiva que nadie, en efecto, tiene que aceptar esta renuncia.

Benedicto es el Papa, y quién es más poderoso que él entre los monarcas terrenales. Tradicionalmente la posición de Papa lo pone sobre todo rey, príncipe, potentado o presidente. Si lo ponemos en números de adeptos, el Papa es uno de los monarcas con el mayor número de súbditos en el planeta.

Independientemente de las razones, de las teorías de conspiración de los paranoides… Joseph Ratzinger, el Papa Benedicto XVI, ha renunciado a la posición de mayor poder en el planeta. En esa renuncia al poder, está es la más grande enseñanza para los líderes, y matricula, de las órdenes esotéricas y fraternales.

La cruda verdad que ser el Gran Maestro (o cualquiera que sea el título del máximo líder de la orden esotérico y fraternal) o ser el Maestro Servidor (o cual sea el título del líder de las unidades básicas) es insignificante cuando se compara con ser el líder de una religión que tiene miles de millones de devotos.

Sin embargo cuantas veces se es testigo de cómo un Gran Maestro o un Maestro Servidor se apoderan de los puestos de liderato. Se les hace tan difícil dejarlo cuando son ineptos en el puesto, sus habilidades no son suficientes para la posición o sus actitudes son contraproducentes. Cuántas veces se ha visto como sufren cuando las elecciones se acercan, sus términos están por concluir y la matricula no los ha de reelegir.

Esa es el hambre de poder. De sentirse importante, cuando en realidad no se es. Cuando se pone en perspectiva, ser el líder electo de unos miles de personas es inconsecuente, ser el líder electo de unas docenas de personas es insignificante. Pensar lo contrario es arrogancia, es *hibris*.

Ser el líder de miles de millones es una responsabilidad que tiene consecuencias significativas. Es tener verdadero poder. Sin embargo, Benedicto XVI ha preferido renunciar a ese poder antes de hacerle daño a la Madre Iglesia. SS Benedicto ha dado la más alta enseñanza de humildad y sentido común a los líderes (y a sus miembros) de todas las ordenes esotéricas y fraternales.

Francisco: Un ejemplo para los lideres

SS Benedicto XVI dio una gran enseñanza, la del líder que sabe retirarse cuando reconoce que su presencia en el "trono" haría más daño que bien. Desde el comienzo SS Francisco I ha dado múltiples enseñanzas a los líderes…. En especial a los líderes de las órdenes esotéricas y fraternales (quienes, en su envidia critican amargamente a la iglesia católica y al Papa).

Los que han sido miembros de las diversas órdenes esotéricas y fraternales (y hasta los que sólo las han visitado por curiosidad) han podido experimentar la actitud hacia las personas que ostentan posición de liderato. De los grandes honores y privilegios que se les otorgan a estas personas y de la extrema deferencia que se les da y ellos exigen "por su alta jerarquía".

Muchos símbolos son utilizados para demarcar su excelsa posición dentro de la orden esotérica y fraternal. Soles, lunas, estrellas, cruces de oro y rubíes… De los más evidentes de su exaltada posición, sobre los miembros de la orden es que estos se sientan sobre los demás. No sólo simbólicamente, sino que físicamente están sentados en "tronos" (o sillas especiales o reservadas) que están elevados sobre la matricula.

A manera de ejemplo la masonería y otras instituciones paramasónicas sientan a los Maestros de Logia (quien dirige los trabajos) y los oficiales /dignatarios más "importantes" en tarimas elevadas sobre su matrícula. Donde se les dice a los miembros que esos "tronos" sólo pueden ser ocupados por los más "dignos" miembros de las logias… quienes generalmente son los que establecen estas reglas. Yendo más lejos aún, recalcando cuan indignos son de estar sentados allí. Que en algún momento podrán llegar allí si se sacrifican lo suficiente.

En el caso de los rosacruces el maestro de logia no sólo esta elevado física y simbólicamente, sino que las primeras sillas cercanas al "Este" de la logia están reservadas para el Imperator, Gran Maestro, Gran Concejero, et al. (independientemente que estén visitando o no). Donde estas sillas son tan exclusivas que ningún miembro puede tener la osadía de sentarse en ellas (y si lo hace será removido inmediatamente de ellas).

Prácticas que la iglesia católica ha ido desbastando con en el pasar de los años. Pero que estos grupos esotéricos y fraternales han tomado para sí, y buscan perpetuar. La Iglesia crece y mejora, estos grupos se estancan.

Su SS Francisco continúa ese proceso de maduración institucional. Mientras que las órdenes esotéricas y fraternales se continúan exaltando al punto de la infalibilidad e inviolabilidad a sus líderes, su SS Francisco, voluntariamente ha tomado un curso de acción diferente.

Luego de su elección al Papado, en ese primer saludo protocolar que se hace con los Príncipes de la Iglesia, SS Francisco optó por estar al mismo nivel que los Cardenales. Obvió estar parado en una plataforma, símbolo de estar por encima de los demás. Prefirió estar parado en el suelo como cualquier otro prelado.

Cuando SS Francisco hace su primera aparición ante el pueblo católico, y el mundo, optó no por las vestimentas suntuosas que son la tradición. Prefirió utilizar las vestimentas más simples posibles de su cargo. Igualmente, el "trono" que eligió monarca de la iglesia no fue uno suntuosos con gemas, oro o grabados, es una simple butaca blanca (esperemos que por lo menos sea de "fina piel de cordero").

Si por sus obras los conoceréis, SS Francisco continúa siendo el mejor ejemplo que una orden esotérica y fraternal puede tener.

Los cristianos y las "Órdenes"

Existe una gran incomprensión de las razones por las cuales un buen cristiano no puede ingresar o participar en las órdenes místicas, ocultistas, esotéricas, etc. ni en algunas de las órdenes fraternales. Más incomprensión existe de las razones por las cuales un católico practico tampoco puede ser miembro de estas organizaciones.

La principal razón es la ignorancia.

Primero, la ignorancia por parte del cristiano. Es triste cuando consideramos que la mayoría de los cristianos son ignorantes de su religión, de sus enseñanzas, historia, etc.; y en el caso de los católicos se le añade la ignorancia del Catecismo y el Canon de la Iglesia.

La próxima razón es la ignorancia en la mayoría de las personas que son miembros de esas órdenes. Si le cuestiona a la mayoría de la matrícula, en esta habrá una gran ignorancia de lo que son los dogmas y prácticas de su organización. Cuando ellos afirman que no hay algo inapropiado entre ser miembro de su orden y ser cristiano, en su ignorancia son sinceros en esa creencia. Una gran minoría son los que saben de la incompatibilidad y con plena intensión de hacen daño hacen creer que no hay incongruencias.

De las actividades inaceptables en las órdenes esotéricas y/o fraternales que están en plena contraposición al cristianismo podemos destacar:

1. Sus prácticas, rituales y ceremonias. Donde se busca de alguna forma o manera alterar la percepción o conciencia de la persona y/o invocar o evocar alguna fuerza o entidad.

2. Se le reclama juramentos de lealtad a la persona. Los cuales dividen la lealtad de la persona entre cumplir sus responsabilidades como cristianos y las que adquiere ante la Orden. Más aun en muchas de estas órdenes las personas la persona que realiza el juramento acepta castigos físicos y espirituales como pena si violara el juramento, una especie de suicidio asistido.

3. Estas órdenes tienen dogmas y enseñanzas que son incompatibles con el cristianismo, en el sentido que infunden un sentido de sincretismo de creencias, relativismo espiritual, y en los casos extremos hostilidad hacia las instituciones cristianas.

Sin embargo, es el sentido de falsa superioridad que se infunde a los miembros de estas organizaciones lo que debería desalentar al buen cristiano a unirse a estas órdenes. Ya que se inculca la idea de elitismo fundamentado en la pertenecía de un grupo formado por seres humanos por mandato de seres humanos. Esto alienta a la desunión en la sociedad ya que todos no somos iguales, hay algunos que son mejores y con más privilegios por ser parte de un club…

Ya no se tiene que amar y servir al prójimo… el prójimo me tiene que servir a mí.

Eso no es de cristianos.

Una Lección Inesperada

En noviembre del 2013 se instaló en la ciudad de Ponce un nuevo Concejo de los Caballeros de Colón ... el Concejo P. Antonio Uriarte #14281.

Durante la instalación estuvieron presentes Mons. Lázaro, obispo de la Diócesis de Ponce, Altos dignatarios de los Caballeros de Colón, familiares y amigos.

Como es de costumbre, la actividad fue dedicada a una persona. Por lo general se dedica a personas que hayan contribuido de manera significativa a los Caballeros de Colón, a su parroquia o la comunidad en general. En este caso, la instalación le fue dedicada 'por su digna y honorable colaboración y perseverancia' al hermano José Gerardo.

Si me sorprendió esa dedicación, Colón mi sorpresa comenzó por el hecho que el Hermano José Gerardo era un Caballero de Colón del Segundo Grado. Quien, como expreso el Gran Caballero Rodríguez, 'cuando va a nuestras reuniones está allí atento y sabe de lo que se trata'.

Su padre nos dio una reseña de lo que ha sido la vida de José Gerardo. De lo que ha experimentado en la sociedad y con los proveedores de servicios educativos y de salud. Nos habló de su condición (su padre no usa la paraba 'enfermedad').

Además de darnos las gracias por el honor de la dedicatoria, dio las gracias por haber aceptado a su hijo en los Caballeros de Colón como un hermano más. Dio las gracias por no haberlo discriminado.

El hermano José Gerardo ha vivido sus 38 años con la condición de autismo.

En mi experiencia con los grupos fraternales, en los más esotéricos, se considera a las enfermedades un castigo. Por lo cual los enfermos tienen que ser rechazados. Ese es su Karma, o el de sus padres, que tiene que expiar. Mientras que otras organizaciones fraternales consideran a las personas con condiciones de salud indignas de pertenecer. Al punto que en sus reglamentos se dispone claramente que ninguna persona con discapacidades pueda ser iniciada en ellas.

Esta dedicatoria ha sido una gran sorpresa que marca la diferencia de lo que han sido mis experiencias con los grupos fraternales. En algún momento asumí que los Caballeros de Colón eran como cualquier otro grupo fraternal, pero de hombres católicos.

Me equivoqué.

Coda

En la reunión posterior a la instalación del concejo, el Gran Caballero Rodríguez nos relató una experiencia con José Gerardo. De cómo él se dio cuenta que José Gerardo sabía lo que estaba sucediendo.

Cuando se le presentó el pergamino donde se declaraba y memorizaba que la actividad se le había dedicado, el constate y consistentemente señalaba a la imagen del P. Michael J, McGigny…. El fundador de la Orden.

El Deseo de Pertenecer y la Libertad

El ejercicio del poder es violencia. En el ejercicio de ese poder, ¿Cuál es 'el arma más poderosa' que tienen los líderes de las órdenes esotéricas y fraternales contra de sus miembros?

No son los dogmas institucionales. No son las impuestas tradiciones. No son los reglamentos y las leyes que rigen a la organización. Estos elementos, sólo son parte de los mecanismos utilizados por los líderes para el control de la membresía.

No son 'el arma más poderosa'.

'El arma más poderosa' que tienen los lideres es: el interés que tiene la persona en pertenecer a la institución. De ser parte integrar de la matricula que conforma dicha institución. Ese deseo de pertenencia es 'el arma más poderosa' y efectiva en contra del miembro. La cual es utilizada de manera directa e indirecta por los líderes y miembros prominentes.

El deseo de pertenecer comienza en la necesidad de sentirse aceptado por un grupo. De ser parte esencial de la institución. De sentirse útil en ella y para las personas que la conforman. Muy en especial en ser reconocido por lo líderes como de "son parte de ella". Esa necesidad de sentirse aceptado.

Mientras una persona tenga el interés de ser parte de una institución, esta persona será vulnerable a los deseos y caprichos de un líder (o de la persona que controle esa institución).

Ese deseo de pertenecer es utilizado efectivamente para controlar la matrícula. Donde esta puede ser doblegada a realizar decisión y tomar acciones que le son contra producentes. Porque ese deseo de pertenencia hará a la persona a comportarse de la manera más ilógica posible. El miedo a la separación paraliza a la persona.

Ahora que sucede, ¿Cuándo la persona ya no le interesa ser parte de la institución? Es aquí donde la persona logra su libertad. Esta libre porque sus acciones no serán limitadas por los deseos de algún líder o por los caprichosos dogmas y reglamentos institucionales.

Para el líder de la institución, y de la institución misma, esa es la persona más peligrosa. El que ya no quiere pertenecer. Ya que la amenaza de separación no es un factor que pueda influenciar las decisiones o coaccionar a alguna acción.

Es en ese deseo de no pertenecer es que se logra la plena libertad.

Es hay que se logra lo que de otra manera no se logra. La de ser un "hombre libre" con plena capacidad de efectuar buenas costumbres. No por el miedo o la coacción, si no por el hecho mismo del deseo propio de ser una mejor persona.

Sólo mediante el deseo de no pertenecer, de no ser doblegado a dogmas institucionales o de servir a los deseos de un líder o institución que se logra la libertad...

Ninguna orden esotérica o fraternal, por su naturaleza, puede ser el vehículo para la liberación…

Cosmos: Una odisea personal

Carl Sagan fue parte de mi niñez. Era parte de la programación que podíamos ver en WIPR (que venía enlatada de PBS). En algún momento no existía el Cable TV, televisión por satélite o el internet. La verdad es que no entendí la importancia de Cosmos (y NOVA) hasta años más tarde.

Ahora que he estado viendo la nueva serie Cosmos con Neil de Grasse Tyson, me doy cuenta de cuánto tiempo perdí en las órdenes Esotéricas y Fraternales.

En vez de estar estudiando ciencias y matemáticas, estudié las tonterías de las órdenes esotéricas y fraternales. Durante 20 años, la pasé leyendo de fantasías inservibles. Me la pasé sentado en una logia escuchando vacíos discursos de personas inconsecuentes. Memorizando cosas que esas mismas personas ya olvidaron.

Más aun, di charlas y escribí artículos para personas que verdaderamente no merecían el tiempo y esfuerzo que invertí en ellas. Tiempo que debí aprovechar leyendo a Hawkins, Pinker, Harris, Dawkins y todas esas grandes mentes científicas de mi época.

En vez de invertir mi dinero en libros y clases de ciencias y matemática, los desperdicie dándoselos a una logia. Para que ella se llenara de gloria por toda la ayuda que les daban a otros. Para que ella se llenara de gloria por el dinero que gané con mi esfuerzo.

Boté mi dinero en libros de cábala y alquimia. En libros de las religiones y órdenes esotéricas y fraternales de moda

En vez de viajar cientos de millas en auto y miles de millas en avión para ir a conclaves "espirituales" y "fraternales" debí de ir a convenciones y conferencias científicas.

Perdí mi tiempo en tonterías inservibles. Con personas frívolas. En temas poco trascendentales. La realidad científica es más interesante e impórtate que todas las tontas fantasías que se propagan como germen en las ordenes esotéricas y fraternales.

Me arrepiento de haber perdido el tiempo en ellas...

Un Epilogo

Hacia Nuevo Futuro

Ya no estoy involucrado con la masonería puertorriqueña. Al punto que ya le retirado toda cortesía a los masones de Puerto Rico. Los evito. No le permito que ninguno me trate de "hermano" y cuando alguno se me acerca le exijo que se dirija a mí de manera formal y por los títulos que he ganado en el "mundo profano".

Lo cual crea gran ofensa en ellos, al punto que muchos jamás se vuelven a acercar. Lo cual es mi intención. Uno de los momentos de mayor dolor para los masones puertorriqueños fue cuando dije públicamente: Ya no quiero ser parte de la masonería puertorriqueña.

Es casi inconcebible, para los masones puertorriqueños, que una persona no quiera ser parte de su organización. En sus mentes, este es un grupo tan exclusivo, tan superior, que toda persona querrá pertenecer; una vez que ya eres parte de la masonería puertorriqueña harás todo lo posible para continuar siendo miembro. Tal vez por eso presencié a tantos "hermanos" soportar todos los maltratos que perpetraron en contra de ellos... únicamente puedo suponer que ellos se creyeron la mentiría que es la masonería puertorriqueña. Ya no creo en la mentira que es la masonería puertorriqueña...

Más importante, al no querer ser parte de la masonería puertorriqueña, ya no hay forma mediante la cual los masones puertorriqueños me puedan "someter a la obediencia"... de que hiciera lo que fuera necesario por pertenecer. En el momento que ya no quise pertenecer, fue cuando logré la liberación. Ahora si puedo ser un verdadero "hombre libre y de buenas costumbres". Ya soy libre.

Desde el punto privilegiado de la libertad se me hace claro que el problema de la masonería puertorriqueña es que esta ha sido invadida por las peores costumbres de la sociedad profana. Y nadie se atreve a hacer algo, por el temor de ser excluido (o por el provecho que le puede sacar en la corrupción de la organización).

Este no es un problema único en la masonería puertorriqueña. Ya que tristemente, esto se repite en la mayoría de las instituciones que conforman la sociedad puertorriqueña. Pero la idea del conformismo, de no "menear el barco" o "algún día seré yo" no permite que la masonería en Puerto Rico se mueva del marasmo que la invade. En la masonería puertorriqueña se ha perpetuado el axioma de: El que está mal no es el que obró de mala manera, si no aquel que lo señala.

Porque el error no es actuar rectamente, el error es tratar de enderezar lo torcido. El error es ser intolerante ante la maldad. Mientras esas sean las condiciones que predominen en la masonería puertorriqueña espero mantenerme lo más alejado posible de ella.

A.O.

APÉNDICE

Documentos Masónicos

Alejandro Ortiz

Diploma de Maestro Mason

Alejandro Ortiz

Diploma Shriner

Diploma Grado 32

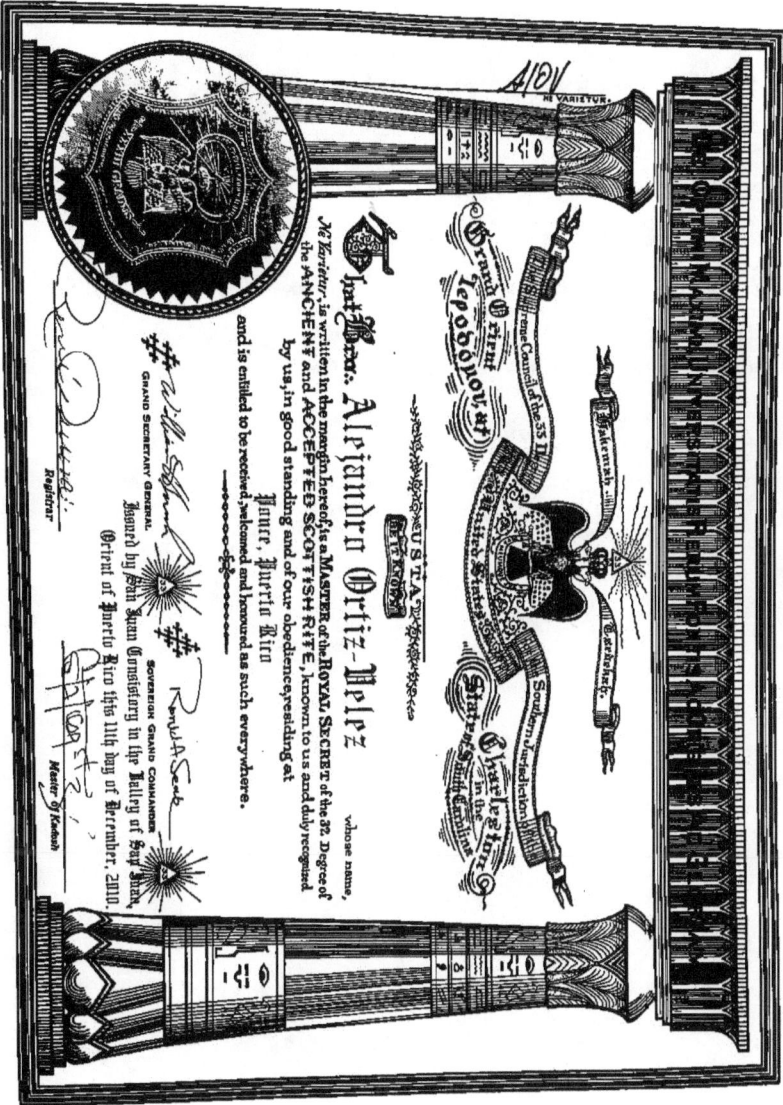

Alejandro Ortiz

Carta de Renuncia Masonería

16 de octubre de 2013, e.v.

A: José Nieves Venerable Maestro Montes de Sion #107

Pedro Nicot Gran Maestro Gran Logia Soberana de Puerto Rico

Re: Renuncia a la Membresía a la Masonería

Ya que he sido reivindicado, por tercera vez, y por tercera vez se ha limpiado mi nombre...

Por la presente renuncio a mi afiliación a la masonería puertorriqueña. Agradeceré se confirme mi desafiliación a la Gran Logia Soberana, Montes de Sion #107, y todo grupo paramasónico al que haya podido pertenecer bajo la jurisdicción de Puerto Rico. Esta renuncia es retroactiva al 5 de octubre de 2011 e.v.

Las letras que conozco no son suficientes para expresar la vergüenza que siento de haber pertenecido a la masonería puertorriqueña.

Gracias,

A.L.O.V.

Carta de Renuncia a los Cuerpos Paramasónicos

9 de marzo de 2014, e.v.

A: Luis Casanova
        Secretario, Altos Cuerpos de los Valles de Cayey

        Tato Carrero
        Recorder, Templo Al Rai'e Saleh, Shriners

Re: Renuncia de Membresía a los Altos Cuerpos de los Valles de Cayey y al
Templo Al Rai'e Saleh, Shriners

Ya que mi renuncia a la decadente masonería puertorriqueña es final y firme...

Por la presente renuncio a mi afiliación a las "sucursales" en Puerto Rico del
Scottish Rite y los Shriners. Agradeceré se confirme mi desafiliación a los Altos
Cuerpos de los Valles de Cayey y al Templo Al Rai'e Saleh, Shriners. Esta renuncia es
retroactiva al 5 de octubre de 2011 e.v.

Mi conciencia no me permite ser miembro de organizaciones puertorriqueñas
que se distinguen por su cobarde silencio cómplice ante la infamia.

Gracias,

A.L.O.V.

Alejandro Ortiz

Anuncio Retiro Voluntario

GRAN LOGIA SOBERANA
DE LL:. Y AA:. MM:. DE PUERTO RICO

ORGANO OFICIAL INTERNO DE LA ORDEN
AÑO 2014

Circular Semanal #9

3 de marzo de 2014

1707 Ave. Ponce de León, Santurce, PR
P.O. Box 8385, San Juan, PR 00910   Tels: 787-727-6780
787-727-6787
Fax   787-727-6873

Correoelectrónico:granlogiasoberanapr@gmail.com

Cosmos Núm. 62 – Santurce
Hno. Adán Daniel Acosta Mediavilla (512), el 22 de enero de 2014. (Baja por falta de pago C.S. #41/2013).

Delta Núm. 64 – Manatí
Hno. Jesús Alberto Sánchez Delgado (292), el 4 de febrero de 2014. (Baja por falta de pago C.S. #44/2013).

BAJAS

Por Retiro Voluntario:
Montes de Sión Núm. 107 - Ponce
Hno. Alejandro Luis Ortiz Vélez (179), el 16 de octubre de 2013. (Según la carta que enviara el Hermano notificando a su Logia su intención de renunciar). *Esta nota fue ordenada por el Muy Respetable Gran Maestro.*

Por Fallecimiento:
Luz de Cosmos Núm. 79 – Río Piedras
Hno. Francisco L. Fournier Thode (652), el 16 de enero de 2014.

Discípulos de Hiram Núm. 104 – Río Piedras
Hno. Modesto Alejandro Fontanez (154), el 20 de enero de 2014.

DECRETO NÚM. 2013-015

Con ésta Circular Semanal estamos enviando a todos los Hermanos y Logias de la Obediencia el Decreto Núm. 2013-015; Para Ordenar la Revocación del Decreto 2012-015 y Ordenar la Reinstalación del Hno. Julián R. Egea Cardona de la Resp. Logia Sol Naciente #15, Valle de Aguadilla.

INFORMACIÓN RECIBIDA DE LA GRAN COMISIÓN DE ELECCIONES

El R.H. Kevin Rodríguez, Presidente de la Gran Comisión de Elecciones ha certificado las siguientes nominaciones para las

Alejandro Ortiz

1 1

RESUMEN DE MOVIMIENTO DE FONDOS:

Adelphia #1	Army #87
Aurora #7	Porvenir de P. Rico #88
St. John the Baptist #12	Caballeros Unidos #89
Sol Naciente #15	Santiago R. Palmer #91
Fiat Lux #27	Luz y Libertad #92
Estrella de Oriente #30	Hijos de Borinquen #95
Unión y Trabajo #36	Paul Revere #98
Caballeros de la Verdad #37	Caribbean Light #101
Sol de Oriente #40	José C. Barbosa #108
Unión y Amparo #44	Verdad y Honestidad #114
Caballeros de la Noche #48	
Luz de las Lomas #53	
Patria #61	
Cosmos #62	
Antorcha de Oriente #65	
Hermanos del Bien #74	

Certifico:

R.H. JOSE J. GARCIA VAZQUEZ
Gran Secretario

Alejandro Ortiz

TABLA DE CONTENIDO

www.ingramcontent.com/pod-product-compliance
Lightning Source LLC
Chambersburg PA
CBHW071217090426
42736CB00014B/2864